Öser Dieter Bünker

Die Güte des Meisters
wiegt mehr als ein Berg

HERDER / SPEKTRUM

Band 4686

Das Buch

Weisheit ist Wissen, das Seele hat – und Güte. In allen fünf Weltreligionen gibt es die Tradition, daß der Meister den Schüler auf den Weg dieser Weisheit bringt: Er nimmt ihn an der Hand – oder an die „lange Leine" – und führt ihn in die Nähe und in die Gegenwart der göttlichen Wirklichkeit, bis der Schüler allein weiterzugehen vermag. Rabbiner, Starzen und Wüstenväter, muslimische Scheichs, Gurus und Zenmeister – bei allen Seelenführern der großen Religionen geht es im Kern um diesen Weg – und um die angemessene Begleitung zu diesem spirituellen Ziel. Öser D. Bünker hat solche Geschichten gesammelt: In über 120 kurzen Texten wird erzählt, wie Schüler ihren Meister finden und Meister ihre Schüler, wie sie sich erkennen und verständigen: von Herz zu Herz. Oft geschieht das auf subtile, geradezu untergründige Weise, die jenseits aller Worte liegt. Einmal versetzt der Lehrer den Schüler in einen Zustand der Ratlosigkeit und zwingt ihn, sein früheres Denken zu verlassen und sich einer neuen Form des Erkennens zu öffnen. Manchmal kommt es aber auch ganz anders: „Ein Schüler, der tiefes Vertrauen in die Kraft seines Meisters hatte, sagte einfach dessen Namen und überquerte auf dem Wasser laufend den Fluß. Als der Lehrer dies sah, dachte er bei sich: ‚Was, so große Kraft ist allein in meinem Namen. Wie groß und machtvoll muß dann erst ich selbst sein!' Am nächsten Tag versuchte er, selber auf dem Wasser zu gehen, indem er ‚ich, ich, ich' murmelte. Doch kaum war er aufs Wasser getreten, versank er und ertrank."
Geschichten voller Weisheit und tiefem Humor, die überraschende Parallelen zwischen Buddhismus, Christentum, Hinduismus, Islam und Judentum sichtbar werden lassen. Wer sie mit ganzem Herzen liest, wird etwas von der spirituellen Energie, die die Meister ihren Schülern mitteilen, spüren können.

Der Autor

Öser Dieter Bünker ist buddhistischer Mönch. Er war Schüler des Zenmeisters Taisen Deshimaru (1914–82). Nach dem Tode des Meisters wurde er Schüler des tibetischen Mahamudra-Meisters Gendün Rinpotsche (1917–97), unter dessen Anleitung er mehrere Jahre in Zurückgezogenheit meditierte. Er lebt zur Zeit in einem Kloster der Kagyü-Tradition in Frankreich.

Öser Dieter Bünker

Die Güte des Meisters wiegt mehr als ein Berg

Weisheitsgeschichten

Herder

Freiburg · Basel · Wien

Gedruckt auf umweltfreundlichem,
chlorfrei gebleichtem Papier

Originalausgabe

Alle Rechte vorbehalten – Printed in Germany
© Verlag Herder Freiburg im Breisgau 1998
Herstellung: Freiburger Graphische Betriebe 1998
Umschlaggestaltung: Joseph Pölzelbauer
Umschlagbild: Tao-chi (1641 – ca. 1717): Der Wasserfall am Berge Lu,
Detail einer Wandrolle
ISBN 3-451-04686-5

INHALT

VORWORT

„Ohne einen erfahrenen Steuermann wird man nicht übers Meer fahren und auch nicht ohne unfehlbaren Lehrer irgendeine Kunst oder Wissenschaft erlernen wollen. Aber die Kunst der Künste, die Wissenschaft der Wissenschaften, den Weg zu Gott ... will einer zu erreichen wagen und hofft damit an ein Ende zu kommen ohne klugen und wahrhaftigen Führer, Steuermann und Lehrer?"

Kallistus und Ignatius

Dieses Buch enthält Weisheitsgeschichten, die von der Begegnung zwischen Meister und Schüler handeln: von Meistern, die den inneren Weg oder Weg zu Gott gefunden haben, und Schülern, die diesen Weg suchen. Ich habe sie im Laufe der letzten Jahre gesammelt und nacherzählt, weil mich ihre universelle Wahrheit besonders berührt. Diese Geschichten aus der Überlieferung der Weltreligionen vermitteln in lebendiger und eingehender Weise Einsichten in den Weg, der zur Verwirklichung der Wahrheit führt. Sie sind ein Spiegel, in dem man sich selbst betrachten kann, und gleichzeitig inspirieren und erhellen sie unseren Geist, vorausgesetzt, wir lesen mit ganzem Herzen. Nicht jede Geschichte wird einem sofort zugänglich sein, manche wird vielleicht erst lebendig, wenn wir selbst den spirituellen Weg gehen, doch sind alle so beschaffen, daß ein intuitiver Geist und ein offenes Herz zu ihrem Verständnis ausreicht.

In allen authentischen Religionen hat es immer die Übertragung der Lehre von Meister zu Schüler gegeben. Denn wenn wir einen spirituellen Weg beschreiten wollen, brauchen wir einen weisen Führer. Dies ist ganz gewiß so, und jemand, der denkt, daß er alles allein verwirklichen kann, irrt sich. Er wird nur in seiner eigenen Gedankenwelt und seinen begrenzten Erfahrungen steckenbleiben und selbst wenn er glaubt, daß er etwas verstanden hat, überhaupt nichts verstehen. Wenn man nur auf Bücherwissen aus ist, wird man statt nach einem lebenden Meister nach mehr Büchern schauen, und auch wenn die Bücher von Ichaufgabe, Weisheit, Liebe, Selbstdisziplin und dergleichen reden, besteht doch die Gefahr, daß man sie auslegt, wie man will. Mit einem wahren Meister geht dies nicht. Er wird das Ich des Schülers angreifen und ihn aufwecken, indem er ihm bewußt macht, daß er seine wahre Natur vergessen hat und tief im Schlaf der Unwissenheit versunken ist. Der Meister öffnet dem Schüler die Augen für die dunklen, egoistischen Seiten seines Wesens und zeigt ihm, wie er an sich arbeiten muß, damit er eine tiefgreifende Wandlung zum Besseren vollziehen kann. Jemand, der seine eigene Unwissenheit nicht erkennt, wird niemals wissend werden. Der Meister macht dem Schüler seine Lage bewußt und bringt ihn so auf den Weg zu echter Verwirklichung.

Wenn der Schüler von einem spirituellen Meister oder Freund angezogen wird, muß er ihn gründlich prüfen und darf ihm auf keinen Fall blind folgen. Ein indischer Spruch sagt: „Trinke Wasser nur, nachdem du es gefiltert hast. Akzeptiere einen Lehrer nur, nachdem du ihn sehr genau kennengelernt hast." Das folgende Zitat drückt es noch drastischer aus: „Den Lehrer nicht zu prüfen, ist dem Trinken von Gift vergleichbar. Den Schüler nicht zu prüfen, ist dem Springen in den Abgrund vergleichbar." In buddhistischen Schriften heißt es, daß man sein Leben vergeudet, wenn man einem falschen Meister blind folgt. Das Vertrauen in solch einen falschen Meister ist höchst gefährlich, so als würde man eine große Giftschlange, die unter einem Baum liegt, für den Schatten dieses Baumes halten – wenn man sich in diesen Schatten setzt, stirbt man. Nachdem man den Meister gründlich geprüft hat und sicher ist, daß man ihm vertrauen kann, muß man ihm bedingungslos folgen und von seinem Denken und Handeln lernen.

Einen vollkommenen spirituellen Meister zu finden, war schon in den alten Zeiten schwierig und ist heute sicherlich nicht leichter. Doch ein verläßlicher spiritueller Freund, der möglichst folgende Kriterien erfüllt, ist bereits eine große Stütze und Hilfe auf dem Weg. Er sollte einer authentischen Überlieferungslinie angehören und selber einem Meister gefolgt sowie in der Meditations- und Gebetspraxis seiner Tradition geübt sein und ihre wesentlichen Schriften gründlich studiert haben. Sein Geist sollte rein und aufrichtig sein und sein Herz voller Güte und Mitgefühl für alle fühlenden Wesen. Er sollte Heiterkeit, Begierdelosigkeit, Selbstbeherrschung und Gleichmut angesichts von Lob und Tadel haben und sich in all seinem Denken und Tun auf das Wohl der anderen ausrichten und in nichts den eigenen Vorteil suchen. Solch einem Lehrer kann man ruhigen Herzens vertrauen.

Auch der Meister muß den Schüler prüfen! Nicht jeder ist, obgleich er sucht, schon bereit und geeignet für den spirituellen Weg. Ein Schüler muß in aufrichtiger Weise die Wahrheit suchen und sollte nach gründlicher Prüfung imstande sein, unerschütterliches Vertrauen und tiefe Hingabe in den Lehrer und den von ihm übermittelten Weg zu entwickeln. Er sollte unermüdlich nach Herzensgüte und allumfassendem Mitgefühl streben und mit großer Sorgfalt die Lehren studieren und praktizieren. Sein Geist sollte gefestigt sein und sich von auftretenden Problemen und Zweifeln nicht beirren lassen. Er sollte großherzig und voller Freude anderen helfen sowie alles negative Handeln meiden und gutes Handeln mehren.

Wenn Lehrer und Schüler die oben beschriebenen Bedingungen annähernd erfüllen, kann eine echte, vertrauensvolle Zusammenarbeit entstehen. In dieser Zusammenarbeit wird der Schüler durch die Güte des Meisters, die „mehr wiegt als ein Berg", gewiß verwandelt.

Der Titel des Buches entstammt folgendem Vers von Taisen Deshimaru Roshi (1914- 1982):

> „Der Glanz der herrlichen Tugend
> leuchtet stärker als der Mond.
> Die Güte des Meisters wiegt
> gewiß mehr als ein Berg."

Er ist sicherlich ein gutes Leitmotiv für alle Geschichten dieses Buches.

BUDDHISMUS

Freunde, bis zum Erwachen brauchen wir einen Meister, folgt daher einem edlen Freund. Bis zur Verwirklichung der Wahrheit müssen wir lernen, hört daher die Unterweisungen eures Meisters. Alles Glück ist der Segen des Meisters, erinnert euch an seine Güte.

Atischa

Es gibt gefürchtete Gegenden, wo Gefahr durch Wegelagerer, Raubtiere und dergleichen droht. Wenn wir uns ungeschützt auf solche Wege wagen, gefährden wir Körper, Leben und Besitz. Begleitet uns hingegen eine starke Eskorte, kann kein Unglück geschehen. Genauso ist es auch, wenn wir auf dem Weg zur Erleuchtung positive Kraft und Gewahrsein ansammeln und uns ohne die schützende Begleitung eines Lehrers auf den Weg zur Stadt der Allwissenheit machen. Dann werden die inneren Wegelagerer unserer Vorstellungen und Gefühle sowie die äußeren Wegelagerer der Versuchungen und irreführenden Kräfte jeder Art uns bald um den Schatz unserer Verdienste bringen und uns des Lebens in glücklicheren Seinsbereichen berauben. So heißt es: „Diese Bande räuberischer Geistesgifte wird, sobald sie eine Gelegenheit dazu hat, dir alles Gute rauben und dich sogar um das Leben in glücklicheren Seinsbereichen bringen."

Wenn wir uns nie vom spirituellen Freund, der wie eine Eskorte ist, trennen, werden wir weder den Schatz unserer

Verdienste verlieren noch unseres Lebens in glücklicheren Seinsbereichen beraubt werden, sondern in die Stadt der Allwissenheit gelangen.

Wenn wir beim Überqueren eines großen Flusses zwar an Bord eines Bootes oder Schiffes sind, aber keinen Fährmann haben, werden wir das andere Ufer nicht erreichen, sondern kentern oder von der Strömung mitgerissen werden. Haben wir hingegen einen Fährmann, werden wir dank seiner Mühe und seines Geschicks ans andere Ufer gelangen. Genauso ist es, wenn wir den Ozean der Wiedergeburten überqueren wollen. Haben wir keinen spirituellen Freund als Fährmann, werden wir, selbst wenn wir an Bord der edlen Lehre sind, im Daseinskreislauf versinken und von seinen Fluten mitgerissen.

Gampopa

Alle buddhistischen Schulen stimmen darin überein, daß man auf dem Weg der Befreiung von einem geistigen Freund angeleitet und ermutigt werden muß. Da der unerleuchtete Geist vielen gewohnheitsmäßigen Neigungen und Zwängen unterliegt, die aus wiederholt begangenen negativen Handlungen in früheren Leben stammen, ist es nahezu unmöglich, sich allein aus eigener Kraft von seinen leidbringenden Tendenzen zu befreien. Ein echter spiritueller Freund ist jemand, der den Reichtum der Lehre erhalten und praktiziert hat und so gelassen und friedvoll, herzlich und frei von Stolz den Suchenden in der Arbeit an sich selbst unterweisen kann.

In den Traditionen des Zen und des Vajrayana gibt es zudem noch den Meister. Ein wahrer Meister, der etwas sehr Seltenes und Kostbares ist, kann die Entwicklung eines vertrauensvollen Schülers, der den Weg der Um-

wandlung von Körper und Geist ohne Mühen zu scheuen beschreitet, enorm beschleunigen. Die Sonne, obwohl sie sehr heiß ist, kann erst ein Blatt Papier entzünden, wenn man ihre Strahlen in einem Brennglas bündelt. Der Meister wird häufig mit solch einem Brennglas verglichen: Er bündelt die spirituelle Energie seiner Übertragungslinie und richtet sie auf die Schüler. Durch die Kraft seines Segens können die Schüler sich schneller als gewöhnlich von den Schleiern ihres Geistes befreien und so ein tieferes Verständnis ihrer selbst und im besten Fall vollkommene Verwirklichung in einem Leben erlangen.

Gotami war die Tochter einer armen Familie. Wegen ihrer großen Magerkeit wurde sie von allen die dünne Gotami genannt. Als sie verheiratet wurde, behandelte die Familie ihres Mannes sie mit Verachtung. Wie sie jedoch einen Sohn gebar, stieg ihr Ansehen. Der Sohn wuchs heran, und als er umherlaufen und spielen konnte, starb er plötzlich.

Dies traf Gotami so sehr, daß der Schmerz ihren Geist verdunkelte. Sie nahm das tote Kind auf den Arm und lief verzweifelt von Haus zu Haus und bat die Leute: „Gebt mir Medizin für mein Kind!" Doch die Leute antworteten nur: „Medizin, was soll die noch nützen." Sie aber verstand sie nicht. Ein einsichtiger Mensch jedoch dachte: „Ihr Geist ist von Kummer verdunkelt, vielleicht kann der Buddha Shakyamuni ihr helfen", und sagte zu ihr: „Liebe Frau, gehe zum Buddha und bitte ihn um Medizin für dein Kind." Sie begab sich daraufhin voller Hoffnung zum Kloster des Buddha, trat vor ihn hin und sagte: „Erhabener, gebt mir Medizin für mein Kind." Der Meister erwiderte ihr: „Geh zuvor in die Stadt und bringe mir aus jedem Haus, in dem noch kein Mensch gestorben ist, ein Senfsamenkorn." Erleichtert willigte sie ein und lief von Haus zu Haus. Doch gab es nicht eines, wo noch niemand gestorben war.

Wie sie so ging, kam sie allmählich wieder zu sich, hielt schließlich inne und dachte: „Was soll ich weiter von Haus zu Haus laufen, es wird gewiß in jedem Haus der Stadt gleich sein. Es ist wohl das Gesetz der Dinge, daß alles vergänglich ist und jeder früher oder später sterben muß. Und dies gilt nicht nur in dieser Stadt, sondern im ganzen Land, in der ganzen Welt und selbst im Himmel der Götter." Ernüchtert von dieser Einsicht, ging sie zur Stadt hinaus und brachte ihren toten Sohn zum Leichenacker. Dann kehrte sie zum Buddha zurück, der sie sogleich fragte: „Gotami, hast du die Senfsamen erhalten?" Und sie antwortete. „Das Werk der Senfsamen ist gelungen." Der Buddha erkannte den Wandel ihres Geistes und sagte: „Für die, deren Herz an Kindern und Besitztümern hängt, kommt der Tod wie eine große Flut bei Nacht, die das schlafende Dorf hinwegschwemmt." Bei diesen Worten trat Gotamis Geist endgültig in den Strom der Befreiung ein. Sie entschloß sich, den Weg der Hauslosigkeit zu gehen, und ließ sich zur Nonne weihen.

Wenig später, wie sie die Ursachen für das Entstehen der Dinge studierte, vertiefte sich ihre Einsicht. Der Buddha, der ihre geistige Reife erkannte, sagte zu ihr: „Der Mensch, der hundert Jahre lang lebt, ohne den nektargleichen Pfad zu erfassen, lebte besser nur einen Tag lang, gesetzt daß er an diesem Tag den Weg erfaßt." Als Kisa Gotami diese Worte hörte, erlangte sie tiefe Verwirklichung.

Eines Tages, als Ma-tsu vor seiner Hütte in Meditation saß, kam sein Meister Huai-dschang vorbei. Der Meister fragte ihn: „Warum meditierst du?" Ma-tsu antwortete: „Weil ich ein Buddha werden will." Da nahm Huai-dschang einen Ziegelstein, der vor der Hütte lag, setzte sich auf die Erde und begann ihn zu polieren. Ma-tsu fragte erstaunt: „Warum poliert Ihr diesen Ziegelstein?" Der Meister antwortete: „Ich will mir einen Spiegel machen." „Aber es ist doch unmöglich, aus einem Ziegelstein einen Spiegel zu machen!" Huai-

dschang sagte: „Wenn es unmöglich ist, aus einem Ziegelstein einen Spiegel zu machen, wie sollte es dann
möglich sein, daß man durchs Sitzen in Meditation zum
Buddha wird?" Ma-tsu fragte: „Was soll ich denn dann
tun?" Der Meister antwortete: „Wenn ein Ochsenkar-
ren sich nicht mehr vorwärts bewegt, schlägst du dann
den Karren oder den Ochsen?" Ma-tsu wußte keine Antwort. Huai-dschang fuhr fort: „Übst du dich darin, in
Meditation zu sitzen, oder übst du dich, wie ein Buddha
zu sitzen? Meditation selber ist weder Sitzen noch Liegen, Stehen oder Gehen. Der Buddha hat keine feste Gestalt. Die Wahrheit verweilt nirgendwo, man kann sie
weder ergreifen noch zurückweisen. Wenn du dich
mühst, wie ein Buddha zu sitzen, so ist das so, als würdest du den Buddha töten. Wenn du an der Form des Sit-
zens anhaftest, wirst du niemals die allem zugrundelie-
gende Wahrheit erkennen." Als Ma-tsu diese Worte
hörte, war ihm, als hätte er köstlichsten Nektar getrunken. Er verbeugte sich vor dem Meister und fragte: „Wie
sollte dann der Geist beschaffen sein, daß er die Wahrheit erkennt?" Der Meister antwortete: „Dein Studium
des Geistgrundes ist wie das Pflanzen eines Samens.
Meine Lehre von der wesentlichen Wahrheit ist wie der
Himmel, der Regen sendet. Du hast eine natürliche Ver-
anlagung und wirst gewiß die Wahrheit erkennen."
„Aber wenn die Wahrheit keine Gestalt hat, wie kann
man sie dann erkennen?" Huai-dschang antwortete:
„Mit dem Auge der Weisheit kann man die Wahrheit erkennen." Ma-tsu fragte: „Unterliegt diese Wahrheit
auch Geburt und Tod?" Der Meister antwortete: „Solange man noch an Vorstellungen wie Geburt und Tod
oder Kommen und Gehen anhaftet, kann man diese

17

Wahrheit nicht erkennen." Ma-tsu hatte darauf eine tiefe Einsicht, und sein Geist erlangte Gelöstheit.

Hui-tsang war ein Jäger, und er verabscheute buddhistische Mönche. Eines Tages, als er in den Bergen eine Herde Rotwild jagte, stieß er auf die Hütte eines Einsiedlers. Der Einsiedler saß vor der Tür und grüßte ihn. Er fragte: „Hat der Ehrwürdige vielleicht eine Herde Rotwild vorüberziehen sehen?" Der jedoch antwortete mit einer Gegenfrage: „Wer seid Ihr?" „Ich bin ein Jäger", antwortete Hui-tsang. „Versteht Ihr denn zu schießen?" „Ja, natürlich", entgegnete Hui-tsang. Der Einsiedler fragte: „Wieviel Tiere könnt Ihr mit einem Pfeil erlegen?" „Mit einem Pfeil kann ich nur ein Tier erlegen." „Dann versteht Ihr nicht zu schießen", schloß der Einsiedler. „Kann denn der Ehrwürdige schießen?" fragte Hui-tsang. „Ja", erwiderte dieser. „Wieviel Tiere kann der Ehrwürdige mit einem Pfeil abschießen." „Mit einem einzigen Pfeil kann ich die ganze Herde erlegen", sagte Meister Ma-tsu. „Aber sie sind doch auch fühlende Wesen, warum sollte man die ganze Herde erschießen." „Wenn Ihr dies schon wißt, warum schießt Ihr Euch dann nicht selbst ab?" fragte Ma-tsu. „Wenn Ihr mich danach fragt, mich selbst erlegen, das kann ich nicht", entgegnete Hui-tsang. „Oh, dieser Mensch, all seine Unwissenheit und Verdunkelungen, die er seit vielen Weltzeitaltern angesammelt hat, sind heute plötzlich zu einem Ende gekommen." Als Hui-tsang diese Worte hörte, zerbrach er seinen Bogen und seine Pfeile. Später ließ er sich vom Meister zum Mönch ordinieren und lebte in seinem Kloster.

Te-shan war ein berühmter Gelehrter der buddhistischen Philosophie. Er war von sich selber sehr eingenommen und hielt sich in seinem Wissen für unschlagbar. Eines Tages hörte er von einem Meister namens Lung-t'an, der als erleuchteter Lehrer galt und der lehrte, daß der eigene Geist Buddha ist. Te-shan jedoch hatte in den Schriften gelesen, daß es viele Weltzeitalter an Übung braucht, bis man ein Buddha werden kann, und hielt dies für die ganze Wahrheit. Deshalb machte er sich auf den Weg, um die falsche Ansicht dieses Meisters zu widerlegen.

Als Te-shan an die Tempelpforte kam, gewahrte er dort einen kleinen Verkaufsstand, wo eine alte hutzelige Frau Reiskuchen verkaufte. Er ging zu ihr und sagte: „Bitte drei Reiskuchen." Der alten Frau fiel sein stolzes Benehmen auf, und sie fragte ihn, woher er komme und was er von Beruf sei. Er antwortete etwas ungehalten: „Ich bin ein Gelehrter der buddhistischen Philosophie. Gebt mir doch bitte meine Reiskuchen." Die alte Frau entgegnete: „Ich bin eine alte unwissende Frau und habe von hohen geistigen Dingen keine Ahnung, doch möchte ich Euch eine Frage stellen. Wenn Ihr diese beantworten könnt, gebe ich Euch die Reiskuchen. Heißt es nicht in den Schriften, daß der Geist der Vergangenheit bereits vergangen, der Geist der Zukunft noch nicht eingetroffen und der Geist der Gegenwart unfaßbar ist? Nun sagt mir bitte, mit welchem Geist werdet Ihr die Reiskuchen essen?" Te-shan war sprachlos, ihm fiel keine Antwort ein, und er war in seinem Stolz gedemütigt. „Nun, wenn Ihr keine Antwort wißt, kann ich Euch auch nicht die Reiskuchen geben." Te-shan wandte sich betroffen ab und dachte bei sich: „Wenn diese hutzelige Alte schon einen so gewandten Geist hat, wie groß muß dann erst der Meister dieses Tempels sein."

Die Mönche des Tempels empfingen ihn auf einfache und freundliche Weise. Ihm wurde ein Schlafplatz zugeteilt, und er mußte wie alle anderen an der täglichen Arbeit im Tempel teilnehmen. Und so fegte er den Tempelhof, harkte den Garten, reinigte die Tempelhallen. Dies ging tagaus, tagein so weiter, ohne daß er den Meister zu Gesicht bekam. Und wenn er darum bat, den Meister sprechen zu dürfen, wurde er auf später vertröstet. Schließlich war er vom Warten erschöpft und zermürbt und seufzte laut: „Ich bin hierhergekommen, um den großen Meister zu sehen, doch scheint dieser kein Erbarmen mit mir zu haben." Daraufhin lud ihn der Meister am Abend zum Tee ein, und sie führten ein langes Gespräch, das bis in die Nacht hinein andauerte. Der Meister sagte: „Es ist bald Mitternacht. Wollt Ihr Euch nicht zurückziehen?" Te-shan erhob sich, öffnete die Tür und ging hinaus. Draußen war es jedoch sehr dunkel, und so drehte er sich um und sagte: „Es ist völlig dunkel draußen." Da zündete der Meister eine Papierfackel an und reichte sie Te-shan. Doch als dieser sie nehmen wollte, blies er sie wieder aus. In dem Augenblick hatte er plötzlich eine Einsicht und verbeugte sich. Der Meister fragte ihn: „Welche Wahrheit habt Ihr gesehen?" Te-shan antwortete: „Von nun an werde ich gegenüber den Worten der alten Meister nicht mehr den geringsten Zweifel hegen." Der Meister nickte anerkennend.

Am anderen Tag nahm Te-shan die Kommentare, die er zu den buddhistischen Schriften verfaßt hatte, in den

Tempelhof hinaus und sagte zu den versammelten Mönchen: „Selbst die Meisterung der tiefen Lehre ist nur wie das Plazieren eines Haares im unermeßlichen Raum, selbst alle Weisheit der Welt ist nichts als ein Tropfen im unermeßlichen Ozean." Darauf verbrannte er seine Kommentare. Anschließend verbeugte er sich und ging. Er zog sich ins einsame Gebirge zurück und praktizierte dort dreißig Jahre lang in Abgeschiedenheit.

Hsiang-yen war in den buddhistischen Lehrschriften sehr bewandert, hatte aber noch keine wirklich tiefe Einsicht in die Wahrheit erlangt. Eines Tages sagte Meister Kuei-shan zu ihm: „Alles, was du gewöhnlich sagst, gehört der Welt der Worte und des Buchwissens an. Du bist sehr geschickt im Gebrauch von Zitaten, doch jetzt möchte ich, daß du mir etwas aus der Zeit erzählst, wo du noch so jung warst, daß du nicht einmal zwischen Ost und West unterscheiden konntest." Hsiang-yen versuchte zu antworten, aber seine Worte trafen nicht den Kern. Er schaute in all seinen Büchern nach, doch fand er keine Antwort.

Dann begab er sich wieder zu seinem Meister und bat, ihm die Antwort zu geben. Doch der Meister antwortete: „Ich könnte dir leicht eine Antwort geben, doch später würdest du mir einen Vorwurf daraus machen." Hsiang-yen war verzweifelt und weinte. Er dachte, daß er niemals das Erwachen erlangen würde. Er verbrannte all seine Bücher und zog sich allein in die Berge zurück.

An einem Ort, wo ein großer Zenmeister vierzig Jahre lang praktiziert hatte, baute er sich eine Hütte. Eines Tages, als er den Weg vor seinem Tor fegte, schlug ein vom Besen aufgewirbeltes Kieselsteinchen gegen einen Bambusstamm und machte ein lautes Geräusch. In diesem Augenblick erlangte Hsiang-yen jäh das Erwachen und brach in schallendes Gelächter aus. Er ging in seine Hütte zurück, opferte Weihrauch auf dem Altar und warf sich als Zeichen der Dankbarkeit in die Richtung, wo sein Meister wohnte, nieder. Er sagte: „Meister, Eure Güte ist weit größer als die meiner Eltern. Hättet Ihr mir damals eine Antwort gegeben, so hätte ich niemals diese große Freude erreicht."

Die zwei Mönche Tung-shan und Mi wanderten in den Bergen. Als sie sich an einem Bergbach erfrischten, sahen sie ein Stücklein Gemüse auf dem Wasser schwimmen. Sie dachten sich: „Wer mag hier in den einsamen Bergen wohnen? Es ist bestimmt ein Einsiedler, der in der Nähe des Baches seine Hütte hat." Und sie beschlossen, dem Lauf des Wassers bergauf zu folgen und dem Einsiedler einen Besuch abzustatten.

Nach einer Weile kamen sie zum Drachenberg, und als sie ein gutes Stück hinaufgestiegen waren, sahen sie eine kleine Einsiedelei. Ein bärtiger, alter Mann mit langen weißen Haaren schaute zur Tür heraus. Offensichtlich hatte er ihr Kommen schon von weitem bemerkt. Er fragte: „Es führen keine Wege in diese Berge, welchem Pfad seid Ihr gefolgt, um hierher zu gelangen?" Tung-shan entgegnete: „Wenn es keine Wege gibt, wie seid denn Ihr hierher gelangt?" Der Weise antwortete: „Auf dem Pfad von Wasser und Wolken." „Und wie lange lebt Ihr schon auf diesem abgeschiedenen Berg?" „Ich kümmere mich nicht um die vorüberziehenden

Jahre. Im Frühling wird die Luft mild, die Gräser sprießen, die Bäume grünen. Im Herbst wird das Wetter rauh, und Kälte fällt zur Erde hernieder. Das ist alles, was ich weiß", erwiderte der Einsiedler. Mi fragte: „Wer war denn dann zuerst hier, Ihr oder der Drachenberg?" „Ich weiß es nicht." „Warum wißt Ihr es nicht?" „Weil ich nicht dem Weg der Götter und Menschen folge." Tung-shan fragte: „Und was hat Euch bewegt, völlig allein auf dem Drachenberg zu leben?" Der alte Weise entgegnete mit einem Lächeln: „Ich sah einst zwei Ochsen, die sich heftig miteinander stritten und schließlich in das Meer fielen. Seither habe ich sie nie wieder gesehen. Alles Schwanken in meinem Geist hat aufgehört, und mein Leben ist sehr friedlich geworden."

Die beiden Mönche verstanden, daß der alte Weise den dualistischen Geist der Widersprüche und Zweifel überschritten hatte und verbeugten sich ehrerbietig vor ihm.

In China lebte ein Zenmeister, der von allen Meister Vogelnest genannt wurde, weil er immer in einer großen Kiefer saß und dort meditierte. Eines Tages erhielt er Besuch von einem berühmten Dichter. Als dieser den Meister im Baum sitzen sah, sagte er zu ihm: „Meister, gebt acht! Was Ihr tut, ist recht gefährlich. Wie leicht könntet Ihr herunterfallen!" Der Meister lächelte: „Sorgt Euch nicht um mich. Ich sitze hier und meditiere, und mein Geist wird von keiner Erwartung oder Befürchtung getrübt. Ich fühle mich ruhig und frei. Euer Geist jedoch ist voller Unruhe und Leidenschaften, bei jeder kleinsten Begebenheit seid Ihr eine Beute Eu-

rer Gefühle und Gedanken. Das ist höchst gefährlich."
Der Dichter wurde nachdenklich und fragte: „Was ist
die wesentliche Lehre des Buddha?" Meister Vogelnest
antwortete: „Nichts entsteht ohne Ursache. Deshalb
tue nichts Schlechtes, führe nur gute Handlungen aus.
Bändige vollständig deinen eigenen Geist. Dies ist die
Lehre des Buddha." Der Dichter lächelte: „Dies ist sehr
einfach, das kann selbst ein kleines Kind verstehen."
„Ja, alle können dies verstehen", erwiderte der Meister,
„doch gibt es nur wenige, die auch tatsächlich dement-
sprechend handeln."

Tschao-hsien war schon mit jungen Jahren ein hoher
Regierungsbeamter geworden. Doch war er bald von den
weltlichen Ehren und Vergnügen enttäuscht. So gab er
seinen Posten auf und wurde Mönch. Er hatte von einem berühmten Zenmeister gehört, der von allen Meister Vogelnest genannt wurde, weil er wie ein Vogel in
einem Baumhaus lebte. Tschao-hsien begab sich zu
Meister Vogelnest und bat ihn um Unterweisung, aber
der Meister weigerte sich. Doch Tschao-hsien war entschlossen, den Weg zu suchen, und so blieb er und begann, dem Meister zu dienen. Jeden Tag bat er um Unterweisung, und jeden Tag wurde sie ihm verweigert. Er
diente ihm sechzehn Jahre lang, ohne auch nur eine einzige Antwort erhalten zu haben. Nach sechzehn Jahren
schließlich war Tschao-hsien völlig erschöpft und verzweifelt und entschloß sich, den Meister zu verlassen.
    Als Meister Vogelnest dies sah, fragte er ihn: „Wohin
gehst du?" „Ich gehe woanders hin, um in der Lehre des
Buddha unterwiesen zu werden." Da sagte der Meister:

„Ich kenne auch ein wenig von der Lehre des Buddha."
Er stand auf, nahm die Decke, auf der er immer saß, und
schüttelte sie mit einer kraftvollen Bewegung vor
Tschao-hsien aus, der in diesem Augenblick das völlige
Erwachen erlangte. Er diente dem Meister noch lange
Zeit. Nach dessen Tode wurde er selber ein berühmter
Meister, dem die Menschen den Beinamen Meister
Deckendiener gaben.

Yün-tschü hatte sich in der Nähe seines Klosters auf
dem Berg eine Hütte zur Meditation errichtet, um dort
in Abgeschiedenheit zu meditieren. Doch kam er noch
jeden Tag zum Mittagsmahl ins Kloster. Nach einer
Weile jedoch kam er zehn Tage lang nicht mehr. Meister Tung-shan fragte ihn: „Warum bist in den vergan-
genen Tagen nicht zum Mittagessen gekommen?" Yün-
tschü antwortete: „Jeden Tag kamen Himmelsgeister
zu mir und brachten mir Nahrung dar. Deshalb war ich
nicht hungrig." Der Meister sagte: „Bis jetzt dachte ich,
daß du ein außergewöhnlicher Praktizierender bist.
Und nun sehe ich, daß du noch solche Anschauungen
hast. Komm heute abend in mein Zimmer."
   Am Abend suchte Yün-tschü den Meister auf. Der
rief laut: „Hüttenmeister Yün-tschü!" „Ja", erwiderte
Yün-tschü. Der Meister sagte: „Denke nicht an Gutes,
denke nicht an Schlechtes – was bedeutet das?" Yün-
tschü verstand und verbeugte sich. Er kehrte zu seiner
Hütte zurück und setzte sich friedlich in Meditation.
Als die Himmelsgeister kamen, konnten sie ihn, so sehr
sie auch nach ihm suchten, nicht finden. Sie erschienen
noch drei Tage, und dann tauchten sie nie wieder auf.

Als der Abt Han Shan den P'an Schan Berg bestieg, stieß er auf der Höhe des Gipfels auf einen Einsiedler, der dort in einer Felsenhöhle lebte. Sein Haar war grau und sein Gesicht von der Farbe der Erde. Han Shan grüßte ihn, doch der Einsiedler antwortete nicht. Han Shan sah, daß er kein gewöhnlicher Mensch war, und setzte sich nahe bei ihm auf den Boden.

Nach einer Weile kochte sich der Einsiedler Tee, goß ihn in eine Schale und trank. Han Shan nahm auch eine Schale, goß sich Tee ein und trank. Nach dem Tee stellte der Einsiedler die Schale zurück und begann wie zuvor wieder zu meditieren. Han Shan tat desgleichen. Später kochte der Einsiedler Reis, stellte den Topf vor seinen Sitz, nahm eine Schale und Eßstäbchen und aß. Han Shan nahm sich auch eine Schale und Eßstäbchen und aß. Nach dem Mahl setzte sich der Einsiedler wieder in Meditation, und Han Shan tat das gleiche. Am Abend machte der Einsiedler einen Spaziergang. Han Shan erhob sich auch, doch ging er in die entgegengesetzte Richtung.

Am nächsten Tag bereitete Han Shan den Tee und kochte den Reis, und der Einsiedler trank Tee und aß Reis mit ihm. Am Abend gingen beide wieder spazieren wie am Tag zuvor. Und so ging es sieben Tage lang. Dann sprach der Einsiedler zum ersten Mal ein Wort und fragte: „Woher kommst du?" Han Shan antwortete: „Aus dem Süden." „Und warum bist du hierher gekommen?" Han Shan antwortete: „Um dich, den Einsiedler, zu treffen." Der Einsiedler antwortete: „Das Gesicht des Einsiedlers ist so wie es ist und hat nichts besonderes an sich." Han Shan erwiderte: „Am ersten Tag, als ich diese Höhle betrat, habe ich augenblicklich das Gesicht des

Einsiedlers durchschaut." Der Einsiedler lächelte und sagte: „Ich habe jetzt mehr als dreißig Jahre in dieser Höhle gelebt, und erst jetzt habe ich einen von meinem Stamm getroffen." Er lud Han Shan ein, bei ihm zu bleiben, und der Gast vergaß seine Rückkehr.

Eines Abends ging Han Shan wie gewöhnlich spazieren. Plötzlich barst seine Stirn mit einem Geräusch wie Donner, und das ganze Universum samt seinem Körper und Geist verschwand völlig. Dieser Zustand dauerte eine ganze Weile an, und als er wieder in seinen Normalzustand zurückkehrte, waren Körper und Geist von unbeschreiblicher Leichtigkeit und voller Freude. Wie er zur Höhle zurückkam, fragte der Einsiedler ihn: „Warum bist du heute nacht so lange umhergewandert." Und Han Shan erzählte ihm sein Erlebnis. Der Einsiedler antwortete ihm: „Dies ist nichts Besonderes, es ist nur ein Anzeichen, daß das Aggregat der Form geläutert ist, und das ist noch nicht die Erkenntnis deiner wahren Natur. Ich habe fast jede Nacht beim Spaziergang solch eine Erfahrung. Wenn du sie einfach geschehen läßt und nicht daran anhaftest, wird sie dein wirkliches Wesen nicht verdunkeln. Meditiere weiter wie bisher." Han Shan folgte den Worten des Einsiedlers und erlangte wirkliche Einsicht in die Natur seines Geistes.

Eines Tages jedoch wurde er von einem Boten seines Klosters gefunden und zu seinen klösterlichen Aufgaben zurückgerufen. Han Shan fiel es sehr schwer, sich von dem Einsiedler zu trennen. Dieser begleitete ihn die Hälfte des Berges hinunter, und dann verabschiedeten sich die beiden Männer unter Tränen voneinander.

Meister Han Shan war in einer Stadt gelandet und von den Mönchen eines Ch'an-Tempels zu einem vegetarischen Mahl eingeladen worden. Das Mahl war beendet, und es wurden Vorbereitungen für ein Ch'an-Treffen bei Tee und Kerzenschein getroffen. Da die Tempeltüren schon geschlossen waren, rief eine Stimme von draußen und bat um Einlaß. Einige Mönche erkannten die Stimme von Tsao Li, dem Steuereintreiber, und dachten, daß er einfach betrunken wäre, und schickten ihn fort. Doch ließ er sich nicht abweisen und rief lauter: „Heute ist der große Meister gegenwärtig, und ich muß befreit werden. Warum weist ihr mich zurück." Diese Worte überraschten die Mönche, und einer von ihnen ging zum Meister und erzählte ihm die Begebenheit. Han Shan sagte: „Bringt ihn herbei." Als der Mann vor dem Meister stand, legte er die Handflächen ehrerbietig zusammen und verbeugte sich vor ihm. Dann kniete er nieder und sagte: „Er ist Tsao Li und ich bin Tschung, ich benutze seinen Körper als Medium, um von Euch meine Befreiung zu erbitten. Als ich noch lebte, war ich Vegetarier und habe acht Jahre lang die Lehren des Reinen Landes praktiziert. Heute bin ich fünf Wochen tot und bin nicht zur Hölle geschickt worden. Ich soll ins westliche Paradies großer unvergänglicher Freude gehen, und ich hoffe, daß der mitfühlende Meister mir den Weg zeigen und mich führen wird." Nachdem er dies gesagt hatte, fiel er nieder auf sein Angesicht und weinte bitterlich.

Meister Han Shan bat sechs alte, erfahrene Mönche, die in der Rezitation des Namens von Buddha Amithaba, dem Buddha des unendlichen Lichtes, sehr erfahren waren, den Namen des Buddha zu rezitieren. Er selber hielt auch einen Rosenkranz und gab dem Mann ebenfalls einen. Nachdem der Name Amithabas tausendmal wiederholt worden war, konnte das Medium ihn wiederholen. Anschließend erklärte der Meister einen Text, der von der Darreichung von Nahrung an Hungergeister handelte. Als er zu den Sätzen kam: „Man sollte in sein ursprüngliches Wesen schauen; alle Dinge sind nur vom Geiste erschaffen ..." klopfte er mit seinem Fächer aufs Pult und rief dreimal: „Befreie dich rasch." Und jedesmal antwortete das Medium schneller als ein Echo: „Befreit." Dann stand der Mann auf und dankte dem Meister. Die Halle hatte sich währenddessen mit vielen Menschen gefüllt, von denen einige zu Tränen gerührt waren und den Meister priesen, während andere heimlich über ihn lachten und manche ihn sogar kritisierten. Der Meister blieb ungerührt und ließ sich in einer Sänfte zum Boot zurücktragen. Das Medium begleitete den Meister bis zum Flußufer, wo es sich wiederum vor ihm niederwarf und ihm noch einmal dankte. Dann kehrte der Mann zum Eingang der Ch'an-Halle zurück, wo er laut dem Steuereintreiber Tsao Li für die Leihgabe seines Körpers dankte und daß er ihm damit ermöglicht hatte, die Befreiung zu erlangen. Dann fiel er bewußtlos nieder, und als er erwachte, war es derselbe alte Tsao Li mit seinem gewöhnlichen Benehmen.

In der Halle sagte jemand, daß Tschung auf der gegenüberliegenden Seite des Flusses gelebt hätte und einen Sohn mit Namen Sheng Fu habe, der ein buddhistischer Gelehrter sei. Am anderen Tag begaben sich die Mönche zu Sheng Fu und brachten ihn zum Meister. Sie erfuhren, daß sein Vater ein aufrichtiger Anhänger der Reinen Land Schule gewesen und genau vor fünf Wochen verstorben war. Am gestrigen Tag war der Steuereintreiber Tsao Li zum Haus des Verstorbenen gekommen, um die Steuer zu kassieren. Da er betrunken war, hatte sich der Geist des Toten seiner bemächtigen und den Meister um Befreiung bitten können.

In den Tempel des Meister Kiss kamen eines Tages einige Mönche, die bei ihm in die Schulung gehen wollten, denn sie hatten von seinem Ruf als großer Meister gehört. Der Meister akzeptierte sie, doch ließ er sie noch nicht sogleich in der Halle der Mönche meditieren, sondern auf der äußeren Estrade der Halle. Dort saßen sie Tag für Tag, ohne daß der Meister ihnen auch nur die geringste Aufmerksamkeit schenkte. Eines Morgens jedoch kam Meister Kiss mit einem Eimer voll kalten Wassers und goß ihnen, wie sie in Meditation saßen, mit einer hölzernen Schöpfkelle Wasser auf die Köpfe. Dies reichte, daß alle bis auf einen sich entschlossen, diesen Meister zu verlassen. Sie sagten: „Dieser Meister scheint verrückt zu sein", und machten sich mißmutig davon. Der eine, der entschlossen war zu bleiben, sagte: „Ich bin von sehr weit zu Fuß hierhergekommen, um den Weg zu suchen. Warum sollte ich mich von dem bißchen kalten Wasser von meiner Suche abbringen lassen."

Als der Meister sah, daß sich alle bis auf diesen einen, der Hun hieß, davongemacht hatten, sagte er zu diesem: „Du bist also geblieben. Du bist ein komischer Kauz, du scheinst wirklich gekommen zu sein, um den

Weg zu suchen. Wie wunderbar! Menschen, die den Weg suchen, sind sehr selten. Ich hielt dich für einen Vagabunden, doch jetzt scheint es mir, daß du wirklich Mut besitzt." Hun blieb also im Tempel und wurde im Laufe der Zeit der Koch, was eine der wichtigsten Aufgaben ist.

Meister Kiss war sehr streng, und das Essen war im allgemeinen sehr karg, so daß viele Mönche ein wenig an Unterernährung litten. Eines Tages, als der Meister abwesend war, entschloß sich daher Hun, für alle ein wirklich reichhaltiges Essen zu kochen. Doch wie es der Zufall wollte, kam der Meister gerade zu dem Zeitpunkt zurück, als alle zufrieden beim Mahle saßen. Als der Meister das reichhaltige Essen sah, geriet er in Zorn und schrie den Koch an: „Woher hast du all diese Lebensmittel genommen? Sag! Wer hat sie dir gegeben?" Hun antwortete: „Entschuldigung Meister, ich habe während Eurer Abwesenheit diese Vorräte aus der Reserve genommen und sie für alle Schüler zubereitet." „Du bist nichts anderes als ein Dieb! Verschwinde sofort von hier! Hinaus! Und laß dich nie wieder hier blicken!" Hun verließ geknickt und gesenkten Kopfes den Tempel. Doch kam er jeden Tag zurück, klopfte an und bat: „Ich bitte Euch Meister, erlaubt mir zurückzukommen." Doch der Meister öffnete nicht das Tor.

Da setzte sich Hun in den Garten des Tempels und meditierte dort. Als der Meister dies sah, kam er herbei und sagte: „Du kannst hier nicht sitzen, dies ist der Garten des Tempels, er gehört nicht dir. Du hast ihn von mir, ohne zu fragen, für deine Meditation ausgeliehen. Dafür mußt du natürlich eine Miete bezahlen. Hast du Geld?" Hun schüttelte den Kopf. „Dann besorge welches, damit du deine Schulden bezahlen kannst." Daraufhin begab sich Hun auf einen Bettelgang und brachte anschließend, zermürbt und erschöpft, alles Geld, was er erhalten hatte, zum Tempel. Als er diesmal ans Tor klopfte, öffnete der Meister ihm und schaute ihn lange und tief an. Dann sagte er: „Ja, jetzt suchst du wahrhaftig den Weg. Tritt herein."

Eines Tages kam ins Kloster des Meisters Eisai ein armer Mann und sagte: „Meine Familie ist bettelarm. Seit Tagen haben wir nichts gegessen, meine Frau und Kinder sind am Verhungern. Meister, bitte, habt Mitgefühl mit uns." Da das Kloster selber sehr arm war und es zu der Zeit weder Essen noch Kleider, noch andere Besitztümer gab, wußte Meister Eisai nicht, wie er dem Mann helfen sollte. Er überlegte hin und her, und schließlich fiel ihm ein, daß es noch ein Stück Kupfer gab, das für den Heiligenschein des Medizinbuddha vorgesehen war. Er gab es dem Mann mit den Worten: „Nimm dies und tausche es gegen Essen ein. Damit wirst du den Hunger deiner Familie stillen können." Dieser freute sich sehr, bedankte sich und eilte fort.

Die Schüler, die dies gesehen hatten, sagten: „Dieses Stück Kupfer war doch für den Heiligenschein der Buddhastatue bestimmt. Ist es nicht ein Vergehen, Buddhas Eigentum für den persönlichen Gebrauch zu benutzen?" Meister Eisai antwortete: „Sicherlich ist es ein Vergehen, das Eigentum des Buddha wegzugeben. Doch bedenkt, daß der Buddha in seinen früheren Leben viele Male den fühlenden Wesen seinen Körper gegeben hat und sogar sein Fleisch und Blut einer verhungernden Tigermutter und ihren Jungen gab. Wenn Menschen verhungern und wir, um sie zu retten, die ganze Buddhastatue weggäben, so entspräche das ganz gewiß dem Willen des Buddha. Und selbst wenn dies ein Vergehen wäre, das einen in die Höllen brächte, man muß die fühlenden Wesen vor dem Verhungern bewahren."

Als der junge japanische Mönch Dogen in China im Kloster des Meisters Rudsching weilte, praktizierten die Mönche dort täglich viele Stunden. Wenn einer bei der Meditation einschlief, schalt der Meister ihn mit barschen Worten oder schlug ihn mit seinem Schuh oder mit dem Bambusstab. Niemand war deswegen dem Meister böse, alle verehrten ihn sehr. Eines Tages sagte der Meister zu ihnen: „Ich habe bereits ein hohes Alter erreicht und hätte mich längst in eine Einsiedelei zurückziehen und mich um mich selbst kümmern sollen. Nun bin ich aber euer Lehrer, und da ist es meine Pflicht, die Verblendungen eines jeden von euch zu zerstören und euch auf den Weg des Buddha zu führen. Aus diesem Grunde weise ich euch manchmal mit barschen Worten zurecht oder schlage euch. Dies bekümmert mich tief, doch ist es das Mittel, das ich an Buddhas Statt verwende, damit der Dharma erblühen und übertragen werden kann. Bitte habt Mitgefühl mit mir und erwägt in euren Herzen, ob ich richtig handle oder nicht."

Als die Mönche diese Worte hörten, weinten sie alle.

Eines abends war der Nachbar Dogens bei der Meditation eingenickt. Meister Rudsching, dem dies nicht entgangen war, schlug ihn mit seiner Holzsandale und warf ihn energisch vom Sitzpodest: „Sitzen in Stille ist nicht schlafen, sondern Körper und Geist fallen lassen!" Als Dogen dies hörte, fielen jäh Körper und Geist ab, und er hatte eine tiefe religiöse Erfahrung. Am anderen Morgen begab er sich in das Zimmer des Meisters, warf sich vor ihm nieder, brachte Weihrauch dar und sagte: „Gestern abend sind mir Körper und Geist abgefallen." Meister Rudsching schaute ihn eindringlich an, und da er sah, daß Dogen einen wirklichen Wandel von Körper und Geist vollzogen hatte, nickte er anerkennend und bestätigte: „Ja, du hast wahrhaftig Körper und Geist fallen lassen."

Ein alter Mönch, der allein den Bergtempel oberhalb eines kleinen Dorfes betreute, hatte einen kleinen Waisenjungen angenommen und kümmerte sich voller anhänglicher Liebe um ihn. Eines Tages wurde der Junge krank und trotz der unermüdlichen Fürsorge des Mönchs genas er nicht wieder und starb. Der Kummer des Mönchs war so groß, daß er seinen Verstand verlor. Er lag tagelang weinend über dem Körper des Jungen und verzehrte schließlich seinen Leichnam. Von da an stieg er nachts ins Dorf hinab und machte sich über die Leichen her. Das ganze Dorf war in Panik, und niemand traute sich, dem Mönch, der sich in einen Dämon verwandelt hatte, Einhalt zu gebieten.

Eines Tages kam Meister Kwaian in dieses Dorf. Als er die Geschichte des leichenfressenden Mönches hörte, beschloß er, den Versuch zu unternehmen, den Mönch von seiner dämonischen Besessenheit zu befreien. Er stieg zum Tempel hinauf und wurde dort höflich und den Regeln der Gastfreundschaft entsprechend empfan-

gen. Der Meister fragte, ob er wohl im Tempel über-
nachten könne, denn es sei bereits zu spät, um noch
nach einer anderen Bleibe zu suchen. Der Mönch nickte
und zeigte ihm ein Zimmer. Meister Kwaian bedankte
sich und zog sich zur Meditation zurück.

Tief in der Nacht schlich sich der Mönch leise ins
Zimmer des Meisters, da er ihn umbringen und seine
Leiche verzehren wollte. Doch sah er niemanden im
Zimmer, und so durchsuchte er den ganzen Tempel. Er
irrte die ganze Nacht durch den Tempel, ohne auch nur
eine Spur seines Gastes zu finden. Am anderen Morgen
jedoch traf er den Meister im Zimmer an. Da verbeugte
er sich vor ihm und sagte: „Der Meister ist in Wahrheit
ein Buddha. Ob er mich wohl die Wahrheit lehren kann,
die mich befreit?" Meister Kwaian sagte ihm darauf,
daß er über folgende Verse meditieren solle:
„Auf dem Fluß spiegelt sich der Mond
In den Pinien weht der Wind
Frischer und reiner Wind
Einer langen, friedlichen Nacht
Worin hat das seinen Grund?"
Im folgenden Jahr kehrte er in den Tempel zurück, um
nach dem Mönch zu schauen. Doch wirkte der Tempel
verlassen, und die Wege waren von Gras und Unkraut
überwuchert. In der Abendstille hörte er eine Stimme,
die leise die Verse murmelte, die er dem Mönch als Meditation gegeben hatte. Er folgte ihrem Klang und sah
im Gras eine niedergekauerte Gestalt sitzen, die ihm
den Rücken zuwandte. Auf sein Rufen reagierte sie
nicht. So ging er näher und sah, daß der alte Mönch
schon seit langem verstorben war. Nur die Gebeine und
Teile des blauen Mönchskittels waren noch übrig.

Meister Kwaian ließ den Tempel instand setzen und machte ihn zu einem Ort intensiver religiöser Praxis.

Ein Krieger im alten Japan angelte an einem Fluß und fing einen Fisch. Als er dabei war, ein Feuer zu entfachen, um den Fisch zu braten, kam eine Katze und stahl ihm seine Beute. Wütend zog er sein Schwert und teilte die Katze mit einem Schlag entzwei. Dann briet er sich zufrieden seinen Fisch.

In der Nacht jedoch träumte er von der Katze, und sie miaute so erbärmlich, daß es ihm durch Mark und Bein ging. Von da an wurde er von dem Wahnbild der Katze verfolgt, und bei jedem Schritt und Tritt hörte er ihr klägliches Miau. Er versuchte sich mit allen Mitteln davon freizumachen, doch erreichte nur das Gegenteil. Sein Zustand verschlimmerte sich von Tag zu Tag. Schließlich wußte er nicht mehr aus noch ein, und er begab sich zu einem alten Zenmeister, um ihn um Rat zu fragen. Dieser hörte sich seine Geschichte an und sagte: „Wie konntet Ihr, ein furchtloser Krieger, nur so tief sinken. Wenn Ihr nicht einmal imstande seid, aus eigener Kraft diese Miaus zu besiegen, verdient Ihr nur den Tod. Ihr habt keine andere Wahl mehr, als Euch auf der Stelle mit Eurem eigenen Schwert umzubringen." Der Krieger sagte: „Ja, Ihr habt recht, es ist gewiß besser zu sterben, als weiterhin diesem Wahn ausgeliefert zu sein." „Gut", sagte der Meister, „dann laßt uns gleich beginnen. Da ich ein Mönch bin, habe ich Mitleid mit Euch. Wenn Ihr Euch das Schwert in den Bauch bohrt, werde ich Euch mit meinem Schwert den Kopf abschlagen, damit Ihr nicht zu sehr leiden müßt." Der Krieger war einverstanden. Er kniete sich nieder, zog sein Schwert und richtete es mit einer feierlichen Bewegung auf seine Bauchmitte. Hinter ihm stand der Meister mit gezogenem Schwert und wartete. Als der Krieger die Schwertspitze langsam auf den Bauch setzte, sagte der Meister geschwind: „Wartet! Wo sind jetzt Eure Miaus?" Der Krieger hielt inne: „Oh, sie sind verschwunden. Na, so was." Der Meister lachte: „Nun, dann habt Ihr sie ja doch noch besiegt, und es nicht mehr nötig, daß Ihr Euch das Leben nehmt. Die Konfrontation mit dem Tode ist wirklich die beste Medizin, um alle Miaus zu vertreiben."

Zwei junge Brüder lebten gemeinsam als junge Mönchslehrlinge in einem Zentempel. Der eine der beiden ließ eines Tages eine kostbare Teeschale fallen, so daß sie in Stücke brach. Diese Schale war besonders wertvoll gewesen, weil sie ein persönliches Geschenk des Kaisers war. Ein älterer Mönch, der sie in der Ausbildung anleitete, schimpfte sehr mit ihm und sagte: „Warte nur, bis der Meister kommt!" Der junge Mönch begann zu weinen. Sein Bruder jedoch sagte zu ihm: „Hab keine Angst, ich weiß eine Lösung." Er sammelte die Scherben auf und steckte sie in die weiten Ärmel seines Mönchsgewandes. Dann setzte er sich draußen in den Tempelgarten und wartete geduldig auf den Meister. Als dieser schließlich kam, stand er geschwind auf, verbeugte sich vor ihm und fragte: „Meister, die Menschen in dieser Welt, müssen sie alle sterben?" Der Meister antwortete: „Gewiß müssen sie alle sterben. Selbst der Buddha ist gestorben." „Und die nichtmenschlichen

Wesen müssen sie auch sterben?" „Ja, alle Lebewesen müssen sterben." „Und die unbeseelten Dinge und Gegenstände in dieser Welt, müssen sie auch sterben?" Der Meister entgegnete: „Alle Dinge, die eine Form haben, müssen notwendigerweise eines Tages wieder vergehen." „Ich verstehe", sagte der junge Mönch, „alles ist vergänglich. Ist es dann richtig, daß man weint oder wütend wird, wenn etwas nicht mehr da oder zerbrochen ist?" „Nein, gewiß nicht. Worauf willst du hinaus?" Da holte der junge Mönch die Scherben aus seinem Gewand, reichte sie dem Meister und verschwand geschwind.

Meister Tosui war der Leiter eines großen Tempels und Lehrer vieler Schüler. Eines Tages jedoch legte er sein Amt nieder, ließ seine Mönchsgewänder im Tempel zurück und schloß sich einer Gruppe von leprakranken Bettlern an. Einer seiner Schüler fand heraus, wo er war, und wollte sich ihm anschließen. Der Meister sagte: „Es ist sehr schwierig, mir zu folgen. Du mußt alles aufgeben, selbst deine Mönchsgewänder, und dich mit einer Strohmatte als Bett begnügen." Der Schüler ließ sich von diesen Worten nicht abschrecken, und so erlaubte Meister Tosui ihm zu bleiben.

Eines Tages starb ein Mann, der schon über und über von der Lepra zerfressen war. Meister Tosui bat seinen Schüler, ein Grab zu schaufeln. Als dieser fertig war, sagte er: „Nimm du die Beine, ich halte den Kopf." Der Leichnam war völlig von eiternden Wunden bedeckt, und dem Schüler war übel vor Ekel. Aber er überwand sich, und sie legten den Toten ins Grab. Als er das Loch zugeschaufelt hatte, war er hungrig von der Arbeit und fragte den Meister, ob er etwas zu essen haben könne. Der entgegnete: „Iß doch die Suppe dort." Es war die Suppe, die der Verstorbene zurückgelassen hatte. Sie war mit Blut und Eiter aus seinen Wunden vermischt. Den Schüler ekelte sehr, doch sagte er sich: „Wenn ich diese Suppe nicht esse, ist meine Entscheidung, dem Meister zu folgen, sehr schwach. Ich muß sie essen." Aber der erste Schluck blieb ihm im Halse stecken. Meister Tosui sagte darauf: „Es ist sehr schwierig, mein Schüler zu sein, sehr schwierig, und du bist dazu nicht imstande." Der Schüler weinte, doch der Meister fuhr tröstend fort: „Du und ich sind nicht gleich, unsere Verhältnisse sind verschieden. Du kannst nicht Bettler sein, du mußt ein großer Mönch werden." Und er schickte ihn ins Kloster zurück. Meister Tosui jedoch lebte bis ins hohe Alter als Bettler abseits der Gesellschaft und half vielen Kranken und Ausgestoßenen.

Eines Nachts drang ein armselig aussehender Räuber in den Tempel Meister Kodschuns ein, bedrohte den Meister und forderte Geld. „Geld wollt Ihr? Ja, da habt Ihr Glück, davon habe ich zur Zeit mehr als genug. Gerade heute hat man es mir gebracht, und ich hatte schon überlegt, wem ich es wohl geben könnte." Der Meister holte einen Beutel, der prall gefüllt mit Geldscheinen war. „Hier, nehmt es bitte." Der Räuber war verdutzt: „Dies alles wollt Ihr mir geben?" „Ja sicher, nehmt bitte alles mit." Der Räuber packte es in seinen Sack und wollte sich schnell aus dem Staube machen. „Wartet, wartet!" sagte Meister Kodschun. „Wie ich sehe, habt

Ihr sehr dünne Kleidung an und die Nacht ist sehr kalt. Erst gestern hat man mir einen warmen Mantel geschenkt, der Euch genau passen wird. Ich schenke ihn Euch, denn ich brauche ihn nicht." Der Räuber packte den Mantel geschwind in den Sack und drehte sich zum Gehen. Der Meister rief: „Wartet noch einen Augenblick." „Wie, was wollt Ihr mir denn noch geben?" „Ich habe nichts mehr, was ich Euch geben könnte. Aber Ihr müßt Euch noch für das, was Ihr schon erhalten habt, bei mir bedanken." Der Räuber bedankte sich und verschwand geschwind.

Einige Zeit später wurde der Räuber von der Polizei gefangen. Beim Verhör machte er ein Geständnis all seiner Überfälle, und er erzählte auch von Meister Kodschun. Die Polizei lud den Meister ein, um den Räuber zu identifizieren. Doch bei der Gegenüberstellung sagte Meister Kodschun: „Ich kenne keinen Räuber, der in meinen Tempel gekommen ist." „Ihr kennt diesen Mann gar nicht?" „Doch ich kenne ihn. Dieser Mann ist eines Tages in meinen Tempel gekommen. Ich habe ihm Geld geschenkt und, da er so armselig angezogen war, auch einen warmen Mantel gegen die bittere Kälte gegeben. Und er hat sich, bevor er ging, dafür bei mir bedankt." Diese Worte trafen das Herz des Räubers. Er begann zu weinen und erlebte, von der Güte des Meisters bewegt, eine innere Umkehr.

Eines Tages besuchte ein alter Mann Meister Ryokan und bat ihn: „Ich bin bereits alt und habe viele Menschen um mich herum sterben sehen, und ich weiß, daß auch ich eines Tages sterben muß. Doch fürchte ich den

Tod und möchte gern noch eine Weile leben. Bitte führt für mich ein Ritual für langes Leben aus." Meister Ryokan antwortete: „Ein Ritual für langes Leben zu machen ist nicht weiter schwierig. Wie alt seid Ihr denn schon?" „Ich bin gerade erst achtzig Jahre alt." „Oh, da seid Ihr noch recht jung. Der Volksmund sagt ja, daß man mit fünfzig Jahren immer noch ein Kind ist und man die Freuden der Liebe zwischen siebzig und achtzig genießen soll. Wie alt wollt Ihr werden?" Der alte Mann antwortete: „Es reicht mir, wenn ich hundert Jahre alt werde." „Euer Wunsch ist recht bescheiden, da habt Ihr also gerade noch zwanzig Jahre zu leben. Meine Rituale sind sehr genau. So werdet Ihr also exakt mit hundert Jahren sterben." Den Greis erfaßte die Angst: „Nein, nein, macht die Rituale so, daß ich hundertfünfzig werde." Der Meister entgegnete: „Ihr seid jetzt achtzig Jahre und habt also, wenn Ihr hundertfünfzig werden wollt, bereits die Hälfte Eures Lebens überschritten. Einen Hügel hinaufzufahren dauert lange, doch wenn man über seine Spitze hinausgelangt ist, geht es geschwind bergab. Die Euch noch verbleibenden Jahre werden vorüberfliegen wie ein Traum." „Nun, dann gebt mir dreihundert Jahre." „Wie bescheiden Ihr doch seid! Eine Rede aus alter Zeit sagt, daß die Kraniche tausend und die Schildkröten zehntausend Jahre lang leben. Wenn Tiere so lange leben können, wieso wünscht Ihr als menschliches Wesen Euch nur dreihundert Jahre?" Der alte Mann war inzwischen ganz unsicher geworden: „All das ist recht schwierig", sagte er. „Für wieviel Jahre reichen denn Eure Rituale?" „Ah ich sehe", lächelte Meister Ryokan. „Ihr würdet am liebsten überhaupt nicht sterben." „Ja, das wäre natürlich das Allerbeste, aber ist dies nicht unmöglich?" „Nein, gewiß nicht. Wenn Ihr wirklich wollt, könnt Ihr das Leben erlangen, das nicht der Geburt und dem Tod unterliegt." „Das ist ein gutes Ritual, das nehme ich. Wie teuer ist es?" „Das ist sehr teuer, es braucht Zeit, und es verlangt, daß Ihr jeden Tag zu mir kommt, Euch unterweisen laßt und mit mir gemeinsam meditiert." Der alte Mann war einverstanden, und Meister Ryokan führte ihn von da an Schritt für Schritt auf den Weg der Einsicht in sein eigenes wahres unsterbliches Wesen.

Asanga zog sich zur Meditation in eine Höhle zurück, die den Namen Vogelfuß trug. Er meditierte intensiv. Als aber nach drei Jahren noch immer keine Zeichen für einen Fortschritt in seiner Praxis sichtbar waren, entschloß er sich, die Höhle zu verlassen. Wie er nach draußen ging, bemerkte er eine Stelle, wo in regelmäßigen Abständen Wassertropfen stetig auf denselben Fleck eines Felsens fielen und eine Vertiefung darin machten. Und er dachte: „Wasser ist sehr weich und Felsen sehr hart. Und doch hat das Wasser mit der Zeit den Felsen ausgehöhlt. Ich habe bisher nur kurze Zeit meditiert, ich gehe besser zur Höhle zurück und meditiere noch drei weitere Jahre."

Nach drei Jahren jedoch hatte er noch immer das Gefühl, keinen Fortschritt gemacht zu haben, und so entschloß er sich, endgültig zu gehen. Er packte seine Sachen und ging. Unterwegs beobachtete er Tauben, die auf einem Felsvorsprung nisteten. Im Laufe der Jahre hatten sie Mulden in den Felsen gesessen und Asanga dachte: „Vogelgefieder ist sehr weich und Felsen sehr hart, und doch kann es mit der Zeit den Felsen abtragen. Ich gehe besser zur Höhle zurück und meditiere noch weitere drei Jahre. Vielleicht habe ich dann Erfolg."

Aber nach drei Jahren waren noch immer keine Anzeichen eines Fortschritts aufgetreten, und so packte er wieder seine Habe und verließ die Höhle. Unterwegs traf er einen alten Mann, der mit einer Taubenfeder und Sand ein Stück Eisen rieb. Asanga fragte ihn: „Was macht Ihr da?" Der alte Mann antwortete: „Ich will aus diesem Eisenstück eine spitze Nadel machen." Asanga fragte: „Ist das denn möglich?" Und der alte Mann antwortete: „Mit der Zeit ist es tatsächlich möglich." Da dachte Asanga: „Wenn man tatsächlich mit der Zeit aus einem Stück Eisen nur mit einer Taubenfeder und Sand eine Nadel machen kann, so sollte ich noch mehr Zeit in meine Meditation stecken." Und er entschloß sich, noch einmal drei Jahre in der Höhle zu praktizieren.

Als die drei Jahre vorüber waren, hatte er immer noch keine Anzeichen eines Fortschritts, und so brach er wiederum auf und stieg den Berg hinunter. Unten im Tal sah er einen Hund liegen, der von Geschwüren und Maden übersät war. Wie er das hilflos leidende Tier anschaute, war er von einer solchen Woge des Erbarmens ergriffen, daß er sich sogleich niederbeugte, um dem Tier zu helfen. Da er aber nichts besaß, womit er die Wunden reinigen und die Maden entfernen konnte, entschloß er sich, den Hund mit seiner Zunge rein zu lecken. Er schloß die Augen, und als er mit der Zunge die Wunden des Hundes suchte, war dieser plötzlich verschwunden. Er öffnete verwundert die Augen und sah in einem strahlenden Licht vor sich den Buddha Maitreya stehen. Asanga sagte: „Du hast kein großes

43

Mitgefühl mit mir gehabt, du hast mich so lange warten lassen, bis du mir endlich erschienen bist." Buddha Maitreya antwortete: „Ich war von Anbeginn bei dir. Doch du konntest mich nicht sehen, weil dein Geist noch voller Verdunkelungen war. Ich war in den Wassertropfen, den nistenden Tauben und in dem alten Mann. Wenn du mir nicht glaubst, so nimm mich auf deine Schultern und trage mich in die Stadt und zeige mich den Menschen dort."

Asanga ließ Maitreya auf seine Schultern sitzen und trug ihn in die Stadt. Er sagte zu den Leuten: „Der große Buddha Maitreya ist gekommen, werft euch vor ihm nieder." Die Menschen aber antworteten: „Was sagst du da, Mönch, es ist doch niemand bei dir." Nur eine alte Frau, die bereits viel meditiert und einen gereinigten Geist hatte, sah einen weißen Hund auf Asangas Schulter. Da verstand Asanga, daß sich in all den Jahren der Meditation, obwohl er es nicht bemerkt und keine äußeren Zeichen wahrgenommen hatte, in seinem Geist ein grundlegender Wandel vollzogen hatte.

Tilopa hatte zwölf Jahre intensiv meditiert und die gewöhnliche Verwirklichung erlangt, daß ihm seine Meditationsgottheit in Visionen erschien. Er hatte von dem großen Meister Nagardschuna gehört, der in Südindien lebte, und brach auf, um ihn zu treffen. Im Süden kam er zu einem Tempel, der am Rande eines Leichenackers lag, der den Namen „Schreckeinflößendes Gelächter" trug. In der Nähe lebte der Yogi Matangi in einer Grashütte. Tilopa suchte ihn auf und fragte ihn: „Kennt Ihr den Meister Nagardschuna?" „Der Meister ist in den Bereich der Gandharva Götter gegangen, um dem König dort die Einsicht in die Wahrheit zu lehren. Er hat mich beauftragt, dich als Schüler anzunehmen", erwiderte Matangi. Tilopa hatte Vertrauen zu Matangi und wurde sein Schüler. Matangi gab ihm Ermächtigungen und mündliche Unterweisungen. Vor allen Dingen lehrte er ihn, wie man Einsicht in die ursprüngliche Natur oder die Soheit seines Geistes erlangt und sagte ihm: „Meditiere ständig auf die Soheit des Geistes, ohne in Gedanken und Gefühlen abzuschweifen." Meister Matangi gelang es, den Stolz, den Tilopa noch in sich getragen hatte, gänzlich zu brechen. Als er sah, daß Tilopa geläutert war, schickte er ihn in die Welt, um seine Verwirklichung zu prüfen und zu vertiefen. Er sagte: „Gehe nach Bengalen, in die große Stadt Harikila in Sahor. Mitten in der Stadt gibt es einen Marktplatz, der ein reichhaltiges Angebot der fünf Sinnesfreuden bietet. Dort lebt eine Prostituierte mit Namen Darima, die viele Diener und ein großes Gefolge hat. Diene ihr und übe dich im Weg der Verwirklichung. So wirst du in kürzester Zeit das höchste Erwachen erlangen und vielen Wesen zur Befreiung verhelfen."

Tilopa tat, wie sein Meister es ihm aufgetragen hatte. In der Nacht diente er der Prostituierten, indem er die Männer herein- und hinausbegleitete, und am Tag schlug er Sesamsamen. Auf diese Weise erlangte er die Verwirklichung der Soheit, der Dinge, wie sie sind. Anfangs blieb seine Verwirklichung den Menschen verborgen. Doch fiel es auf, daß er ein außergewöhnlicher Mensch war, und als einige ihn in seiner Kammer in Meditation sahen, umgeben von einem Meer aus Licht, da wurde es allgemein bekannt, daß er ein verwirklichter Yogi sein müsse. Die Leute gingen zu Darima und erzählten ihr davon. Die erschrak sehr bei dem Gedanken, daß die ganze Zeit ein Heiliger die Männer zu ihr gebracht hatte. Sie begab sich zu Tilopa, warf sich vor ihm nieder und sagte: „Meister, vergib die schlechten Taten, die ich angesammelt habe, und verzeiht mir, daß ich Euch nicht als Verwirklichten erkannt habe. Bitte nehmt mich als Eure Schülerin an." Tilopa erwiderte lachend: „Da ich, als ich mich darum bewarb, dein Diener zu werden, mich nicht als Heiliger vorgestellt habe, ist es auch kein Fehler, daß du mich nicht als solchen erkannt hast. Durch die Arbeit für dich habe ich den Weg praktiziert und die ursprüngliche Weisheit verwirklichen können. Möge diese ursprüngliche Weisheit jetzt auch dein Herz durchdringen." Wie er dies sagte, berührte er mit einer Blume den Scheitel ihres Kopfes, und im selben Augenblick erlangte sie die Befreiung.

Als der indische Meister Atischa in Tibet weilte, hörte auch der berühmte Übersetzer Rintschen Sangpo von ihm, und er dachte sich: „Sein Wissen wird kaum größer sein als meines, doch da er von anderen verehrt und eingeladen wird, sollte er wohl auch einmal mein Gast sein." Und so lud er ihn ein.

In Rintschen Sangpos Kloster waren die Gottheiten der Tantraklassen ihren Rangstufen entsprechend abgebildet. Meister Atischa sang für jede der Gottheiten einen lobpreisenden Vers. Als sie anschließend beim Tee beisammen saßen, fragte Rintschen Sangpo ihn: „Wer hat diese Verse geschrieben?" Der Meister antwortete:

„Diese Verse habe ich vorhin spontan verfaßt." Das erstaunte den Übersetzer sehr, denn es waren schöne Verse gewesen, und der Meister stieg in seinem Ansehen. Atischa fragte ihn: „Welche Lehren habt Ihr erhalten?" Als der Übersetzer ihm alle Lehren aufgezählt hatte, sagte Atischa: „Wenn es solche Leute wie Euch in Tibet gibt, dann war mein Kommen überflüssig." Als Zeichen der Achtung legte er die Handflächen vor der Brust zusammen, fragte dann aber weiter: „Doch sage mir, oh großer Übersetzer, wenn ein einzelner Mensch, während er auf ein- und derselben Matte sitzt, alle tantrischen Lehren praktizieren will, wie soll er dann verfahren?" Rintschen Sangpo antwortete: „Er sollte jedes Tantra getrennt nacheinander praktizieren." Da rief der Meister aus: „Verdorben ist der Übersetzer! So war meine Reise nach Tibet doch nicht überflüssig. Alle Tantras sollten in einem praktiziert werden." Und dann gab er ihm eine tiefgründige Belehrung über die Praxis des Diamantfahrzeugs. Als er diese Unterweisung hörte, gewann der Übersetzer großes Vertrauen, und er dachte bei sich: „Dieser Meister ist wirklich der größte Gelehrte unter allen Gelehrten." Anschließend bat er den Meister, seine Übersetzungen zu korrigieren.

Später sagte Meister Atischa zu Rintschen Sangpo: „Ich werde nach Zentraltibet weiterziehen, Ihr solltet mich als Übersetzer begleiten." Doch war Rintschen Sangpo damals schon in seinem fünfundachtzigsten Lebensjahr. Er nahm seinen Hut ab, und auf seine Haare deutend sagte er: „Mein Kopf ist schon weiß geworden, ich bin alt und kann nicht mehr so weit reisen. Leider bin ich außerstande, Euch behilflich zu sein."

Man sagt, daß der Übersetzer vor Atischa sechzig gelehrte Lehrer gehabt hatte und es keinem von ihnen gelungen war, ihn zum Meditieren zu bringen. Meister Atischa mahnte ihn: „Oh großer Übersetzer, die Leiden dieser Erscheinungswelt sind nicht leicht zu ertragen. Ihr solltet für das Wohl aller Wesen arbeiten. Darum bitte ich Euch, meditiert." Der Übersetzer hörte auf die Worte Atischas und ließ eine Einsiedelei mit drei Türen erbauen. Über die äußere Tür schrieb er: „Die Schützer der Lehre sollen mir den Kopf spalten, wenn hinter dieser Türe ein Gedanke der Anhaftung an die Erscheinungswelt auftaucht." Über die mittlere Tür schrieb er: „Die Schützer der Lehre sollen mir den Kopf spalten, wenn hinter dieser Türe auch nur für einen einzigen Augenblick ein eigennütziger Gedanke in meinem Geist auftaucht." Über die innere Tür schrieb er: „Die Schützer der Lehre sollen mir den Kopf spalten, wenn hinter dieser Türe auch nur für einen einzigen Augenblick ein gewöhnlicher Gedanke in meinem Geist auftaucht." Nachdem Meister Atischa fortgezogen war, meditierte er zehn Jahre lang einsgerichtet und hatte eine Vision seiner Gottheit. Er starb, als er siebenundneunzig Jahre zählte.

Meister Naropa schickte seinen Schüler Marpa zu einem Meister namens Kukkuripa, von dem er Ermächtigungen und Belehrungen empfangen sollte. Kukkuripa wohnte auf einer Insel inmitten eines abgelegenen Sees, dessen Wasser sozusagen von gefährlichen Tieren vergiftet war. Naropa sagte zu Marpa: „Du mußt ungefähr zwei Tage lang durch kniehohes Wasser waten, bevor du zur Insel gelangst. Doch für die Nacht wirst du einen

Rastplatz finden, der gefahrenfrei ist. Habe keine Angst, wenn du aufmerksam bleibst, wirst du wohlbehalten hierher zurückkehren." Marpa tat, wie sein Meister es ihm aufgetragen hatte. Als er die Insel bestieg, traf er auf einen Mann, dessen Körper völlig behaart war und der ein Gesicht wie ein Affe hatte. Der Mann schaute ihn mit rotunterlaufenen Augen an und fragte: „Wer hat dich hierhergeschickt? Was willst du hier?" Marpa antwortete: „Mein Meister Naropa hat mich hierhergeschickt, damit ich den Meister Kukkuripa treffe und von ihm Ermächtigungen und Belehrungen erhalte." Der Mann antwortete: „Naropa, Naropa, der mag viel studiert haben, aber ein Meister ist der nicht; er mag viel meditiert haben, aber tiefe Erfahrungen hat der nicht; der mag seine Gelöbnisse einhalten, doch echte Moral besitzt der nicht. Wenn er die Lehren wirklich kennt, hätte er sie dir doch selber geben können. Dies hier ist eine Dämoneninsel. Ich töte und fresse jeden, der hierherkommt." Marpa dachte: „Dieser Mann hier macht solch einen großen Meister wie Naropa verächtlich." Und er ärgerte sich. Der Mann sagte: „Hat es dich geärgert, daß ich Naropa verächtlich gemacht habe?" Als Marpa dies bejahte, sagte er: „Das ist ein Zeichen, daß Naropa dein wirklicher Meister ist." Dann gab er sich als Kukkuripa zu erkennen und nahm Marpa mit zu seiner Bleibe und gab ihm zwei Wochen lang Ermächtigungen und Unterweisungen. Als Marpa wohlbehalten zu Naropa zurückkehrte, fragte dieser ihn: „Hast du Ermächtigungen und Unterweisungen von Kukkuripa erhalten?" Als Marpa dies bejahte, sagte Naropa: „Kukkuripa mag sehr gelehrt sein, aber ein spiritueller Meister ist er nicht; er mag viel meditiert haben, aber er hat keine tiefen Erfahrungen; er mag seine Gelöbnisse einhalten, aber echte Moral besitzt er nicht. Er ist nur ein von Haaren übersätes Wesen." Marpa dachte: „Diese großen Meister lieben es anscheinend, sich gegenseitig schlechtzumachen." Naropa fragte ihn: „Bist du jetzt verärgert?" Marpa antwortete: „Nein, ich bin nicht verärgert." Naropa sagte darauf: „Dies ist ein Zeichen, daß ich dein wirklicher Meister bin. Doch um die Wahrheit zu sagen: Kukkuripa ist ein sehr großer Meister."

Marpa war zum dritten Mal von Tibet nach Indien gereist, um von seinem geliebten Lehrer Naropa Unterweisungen zu erhalten. In Nepal traf er zwei buddhistische Meister, die ihm erzählten, daß Naropa inzwischen in reinere Gefilde gegangen war. Diese Nachricht war für Marpa so schmerzhaft, daß er das Gefühl hatte, sein Herz würde ihm herausgerissen. Er fragte die beiden: „Werde ich Naropa jetzt nicht mehr treffen können?" Die Meister antworteten: „Da du ein aufrichtiger, ernsthafter Schüler bist und der Meister das Auge der Weisheit besitzt, wirst du, wenn du von ganzem Herzen zu ihm flehst, ihm gewiß noch einmal begegnen." Und so zog Marpa weiter nach Indien und flehte unaufhörlich zu Naropa. Anfangs erschien ihm der Meister im Traum, dann hatte er verschiedentlich Visionen von ihm, und schließlich erschien Naropa leibhaftig vor ihm und sagte: „Jetzt ist der Vater zu seinem Sohn gekommen." Marpa war ungeheuer froh und vergoß viele Tränen. Er warf sich vor Naropa nieder und setzte dessen Fuß auf seinen Kopf. Dann umarmte er ihn und reichte ihm eine Opfergabe aus Goldstaub. Doch Naropa sagte: „Ich brauche kein Gold." Marpa bat: „Herr, auch wenn Ihr kein Gold braucht, nehmt dieses Gold um meinetwillen und zum Wohle aller Wesen und ganz besonders derer, die mir geholfen haben, dieses Gold zu sammeln." Darauf sagte Naropa: „In dem Falle soll es eine Opfergabe an den Buddha und die Meister der Überlieferung sein." Und er nahm den Goldstaub und warf ihn in die Luft. Als Marpa dies sah, kam ihm wieder in den Sinn, mit welch großer Mühe er dieses Gold in Tibet gesammelt hatte, und er empfand einen großen Verlust. Als Naropa sah, was Marpa empfand, griff er mit seinen Händen in die Luft, und als er sie öffnete, lag das ganze Gold wieder darin. Er sagte: „Wenn du einen Verlust empfindest, hier hast du es zurück. Ich brauche es nicht. Für mich ist die ganze Welt reinstes Gold." Bei diesen Worten stampfte er mit dem Fuß auf die Erde, und mit einem Mal wurde der ganze Erdboden golden. Da schämte sich Marpa, daß er so kleinmütig gedacht hatte.

Zu Meister Marpa kam einst ein altes Ehepaar, dessen einziger Sohn gestorben war. Marpa tröstete sie, erklärte ihnen die Lehre des Buddha und sagte insbesondere: „Wenn man träumt, daß man einen Sohn hat, der stirbt, dann empfindet man Kummer und trauert um den Tod von jemandem, der nicht einmal geboren wurde. Eure gegenwärtige Trauer ist nicht verschieden von dieser Trauer im Traum. Betrachtet alles als einen Traum, als eine Illusion, seid nicht traurig."

Eine Weile danach stürzte Marpas ältester Sohn, der gleichzeitig einer seiner besten Schüler in der Lehre des

Buddha gewesen war, vom Pferd und starb. Alle Leute aus der Nachbarschaft nahmen Anteil. Auch das alte Ehepaar kam, und als sie sahen, daß nicht nur Marpas Frau, sondern auch der Meister selbst von Trauer überwältigt war, sagten sie ihm: „Meister, als unser einziger Sohn starb, habt Ihr uns gesagt, betrachtet alles als Traum, als Illusion, seid nicht traurig. Ihr habt doch noch sechs weitere Söhne. Auch wenn Euer Ältester gestorben ist, so ist es doch nicht mehr als ein Traum, eine Illusion. Bitte seid nicht traurig." Der Meister antwortete: „Ich habe Euch damals die Lehre Eurer Lage gemäß erklärt, und ich leide nicht, weil ich an diesem Traum, dieser Illusion als etwas Wirklichem festhalte. Wenn Euer Sohn weitergelebt hätte, so hätte er Euch Eurer Lebenskraft, Eures Reichtums und schließlich Eures Hofes beraubt. Mit diesem Sohn von mir wäre es nicht so gewesen. Wenn er nicht gestorben wäre, so hätte er den Lehren des Buddha und den fühlenden Wesen genützt. Unter Träumen wäre dies ein äußerst glücksverheißender Traum gewesen, unter Illusionen wäre dies eine besonders außergewöhnliche Illusion gewesen."

Meister Padampa Sangye riet seiner Schülerin Matschik, nach Zentraltibet zu gehen und sich dort in einer Höhle zur intensiven Meditation zurückzuziehen. Matschik fand eine Höhle in der Nähe eines buddhistischen Klosters und praktizierte dort in völliger Abgeschiedenheit, ohne daß die Mönche oder Anwohner von ihrer Anwesenheit wußten.

In der Gegend war es üblich, daß die Hirten mit den Mönchen des Klosters ein Milch- und Quarkfest feierten. Doch in diesem Jahr herrschte große Trockenheit, und die Yak-Kühe gaben keine Milch. Der Abt und die Mönche machten Zeremonien, die Regen bringen sollten, doch ohne Erfolg. Eines Tages fand ein Hirte, als er einem Yak nachlief, die Höhle Matschiks und sah die Yogini dort mit weit geöffneten Augen in tiefer Meditation sitzen. Von ihrem Körper ging ein leuchtender Glanz aus. Der Hirte war so tief beeindruckt, daß er sich vor ihr niederwarf. Matschik fragte ihn, ob er einen Wunsch erfüllt haben möchte. Der Hirte, der nicht wußte, wie man um Unterweisungen in der Lehre bat, wünschte sich, daß die Yak-Kühe wieder Milch gäben. Matschik ließ sich von ihm das wollene Garn geben, das er bei sich trug, machte daraus Segensbänder, die er um die Nacken der Kühe binden sollte. Außerdem gab sie ihm ein wenig von der Erde unterhalb ihres Meditationssitzes und sagte zu ihm: „Wirf diese Erde in Richtung deiner Herde in die Luft." Der Hirte tat, wie sie ihm geheißen hatte, und die Euter der Kühe füllten sich wieder.

Das Milch- und Quarkfest konnte nun doch stattfinden, und während des Festes brüstete sich der Abt, daß dies durch die Segnungen der Mönche ermöglicht worden sei. Da erhob sich der Hirte und sagte: „Nein, dies stimmt nicht, die Euter der Kühe füllten sich wieder durch den Segen einer Yogini, die ich in einer Höhle angetroffen habe." Der Abt sagte: „Das ist bestimmt eine alte Hexe." Und er schickte die Philosophielehrer des Klosters zu ihr, um mit ihr zu debattieren. „Habt ihr sie besiegt, dann bindet sie mit einem schwarzen Seil und bringt sie zum Kloster." Doch als diese Lehrer Matschik begegneten, empfanden sie große Hingabe und erbaten

Belehrungen von ihr. Anschließend kehrten sie in glücklicher Stimmung zum Kloster zurück.

Der Abt war sehr ärgerlich und beschloß, sich selbst mit dem Mädchen zu befassen. Er ließ sich einen Sitz vor der Höhle aufbauen, setzte sich darauf und wies seine gelehrten Mönche an, sich zu seiner Linken und Rechten niederzulassen. Dann rief er in die Höhle: „Mädchen, wer bist du und was machst du, eine Frau, ganz allein in dieser Wildnis, wo es weder Wasser noch Nahrung gibt?" Von drinnen kam die Antwort: „Ich bin die Bettlerin Matschik Labdrön, die furchteinflößende Orte zur Praxis aufsucht. Was ich mache? Nun, ich entspanne mich hier von all der nutzlosen Aktivität des weltlichen Lebens und bin doch gleichzeitig sehr beschäftigt, da ich darauf achte, daß mein Geist nicht einmal für einen Augenblick umherwandert oder in Trägheit fällt. Diese Bettlerin traut dem Feind des Daseinskreislaufes nicht." Diese Antwort ließ den Abt aufhorchen: „Mädchen, deine Worte sind nicht verkehrt. Doch sage, bist du nicht dem Verhungern nahe?" Von drinnen erklang die Antwort: „Ist die Bettlerin dieser Bergeinsiedelei hungrig? Ja und nein. Sie ist hungrig, denn sie hat nicht einmal das kleinste bißchen zu essen. Sie ist gesättigt, denn sie genießt den köstlichen Nektar der Dharmapraxis. Diese Bettlerin hat kein Vertrauen in Geiz und Selbstsucht." Die Neugier des Abtes wuchs. Doch erachtete er es nicht seiner Würde gemäß, zu ihr in die Höhle zu gehen, und so wies er sie an: „Mädchen, komm jetzt aus der Höhle heraus." Doch die Yogini antwortete: „Ich bin unmittelbar in den Zustand der ungeborenen kosmischen Wirklichkeit gelangt, und so habe ich bereits die Höhle des Daseinskreislaufs verlassen." Und sie kam nicht heraus. Doch der Abt drängte so nachdrücklich, daß sie schließlich sagte: „Nun, wenn Ihr es mir befehlt, so muß ich wohl herauskommen." Und sie kam heraus. Wie der Abt sie von Angesicht zu Angesicht sah, war er zutiefst von ihr berührt und bat sie, ihm seine verächtliche Haltung zu vergeben.

Es entspann sich ein angeregtes Gespräch, und schließlich fragte er sie, beeindruckt vom Ausmaß ihrer Verwirklichung, ob sie sich nicht der Leitung der Einsiedelei seines Klosters annehmen wolle. Matschik gab ihre Zustimmung. Sie blieb in der Gegend bis zu ihrem Tode im achtundachtzigsten Lebensjahr und half vielen Wesen.

Als Gampopa eine gewisse Reife in seiner Praxis erreicht hatte, sagte sein Meister Milarepa zu ihm: „Jetzt ist es nicht mehr länger notwendig, daß du bei mir bleibst. Du kannst nun allein in Abgeschiedenheit deine Meditation vollenden." Er gab ihm Ermächtigung und alle Unterweisungen und segnete ihn. Am Tag, als Gampopa aufbrach, begleitete der Meister ihn bis zu einer Steinbrücke am Fluß. Dort sagte Milarepa zu Gampopa: „Die Brücke solltest du als gutes Omen allein überqueren. Lege dein Gepäck ab, und dann wollen wir uns, Vater und Sohn, noch eine Weile lang unterhalten. Sie setzten sich nieder und Milarepa sagte: „Sohn, gib allen Stolz und Egoismus auf, durchschneide die Stricke der Anhaftung, und löse dich von allen weltlichen Begierden dieses Lebens. Sei mit allen in Harmonie, bewahre immer einen edlen, geduldigen,

unermüdlichen und gütigen Geist, und zügle deine um-
herwandernden Gedanken. Rede nicht zu viel, halte
dich von allen Zerstreuungen fern, verweile in Abgeschiedenheit, und meditiere unermüdlich. Auch wenn
du erkannt hast, daß dein eigener Geist Buddha ist,
solltest du niemals deinen Meister aufgeben. Auch
wenn du erkannt hast, daß alle Handlungen ihrem in-
nersten Wesen nach rein sind, solltest du doch immer
selbst im Allerkleinsten gut handeln. Auch wenn du
erkannt hast, daß Ursache und Wirkung in sich leer
sind, solltest du nicht einmal das allerkleinste Vergehen begehen. Auch wenn du erkannt hast, daß in der
Großen Gleichheit selbst und andere eines sind, solltest du doch immer das Wohlergehen aller fühlenden
Wesen in deinem Herzen bewahren." Dann gab er ihm
seinen Segen und sagte: „Jetzt habe ich dir alles übertragen. Sei jetzt glücklich und froh." Als Gampopa sein
Gepäck geschultert hatte, sagte Milarepa zu ihm: „Ich
bin noch im Besitz einer ungewöhnlich tiefen Herzensunterweisung, aber die ist zu kostbar, als daß ich sie
fortgeben könnte. Du kannst jetzt aufbrechen." Gampopa überquerte die Brücke und war schon fast außer
Rufweite, als Milarepa ihm zurief: „Wer außer dir verdient es, diese höchst kostbare Herzensunterweisung
zu erhalten. Komm her, und ich werde sie dir übertragen." Voller Freude und Erwartung kam Gampopa
zurück. Milarepa sagte: „Ich hoffe, daß du diese Lehre
immer im Herzen bewahrst und niemals vergißt. Schau
her." Wie er dies sagte, hob Milarepa sein Gewand und
zeigte ihm die Schwielen an Beinen und Gesäß. „Es
gibt keine tiefere Lehre als diese, sieh welche Anstren-
gungen ich unternommen habe. Die tiefste Lehre des

Buddhismus ist zu praktizieren. Allein durch unermüdliches Bemühen habe ich Gutes gewonnen und Verwirklichung erlangt. Auch du solltest unermüdlich meditieren, dann wirst du gewiß die große Verwirklichung erlangen."

Meister Gampopa rief eines Tages seinen Schüler Pamodrupa, der erst kürzlich zu ihm gekommen war, zu sich und fragte ihn: „Welche Lehren hast du bisher gehört, und welcher Art spiritueller Praxis bist du gefolgt?" Pamodrupa erzählte ihm von seinen Studien und den Ergebnissen seiner Meditationen. Und er berichtete auch, daß sein Lehrer seine Meditationsergebnisse als bereits tiefergehende Einsicht gewertet hatte. Gampopa sagte darauf: „Ah, hat er dich so sehr respektiert." Pamodrupa antwortete: „Ja, er hat mich geehrt." Darauf hielt Gampopa eine Kugel aus geröstetem Gerstenmehl, von der er bereits die Hälfte abgebissen hatte, hoch und sagte: „Ich schwöre, daß diese Kugel viel besser ist als deine Meditationsergebnisse." Als Pamodrupa dies hörte, wurde er sehr mutlos und hatte das Empfinden, in einer ausweglosen Lage zu sein. Gampopa sagte zu ihm: „Mache drüben auf dem Berghang einen Spaziergang. Wenn ich meinen Dharmavortrag beendet habe, werden wir wieder miteinander reden."

Pamodrupa begab sich daraufhin zu dem Berghang und dachte nach. Nach einer Weile schien es ihm, daß all die Lehren, die er bisher erhalten hatte, einer äußeren Hülse oder Spreu glichen, und er erlangte eine tiefe Einsicht, die einem klaren Himmel ähnlich war. Als er wieder zu Gampopa kam, sah dieser sogleich, welcher Wandel des Geistes sich in Pamodrupa vollzogen hatte, und sagte zu ihm: „Nun, besser als wie du es jetzt selbst erlangt hast, hätte ich es dich auch nicht lehren können."

Der Yogi Drogön Retschen hatte vom Ruhm des Meisters Düsum Khyenpa gehört und dachte, daß er sich einmal zu ihm begeben sollte, um ihn von Angesicht zu Angesicht zu sehen und einen Segen von ihm zu erhalten. Doch war er der Ansicht, daß es nicht nötig sei, ihn um Unterweisungen zu bitten. Als er den Meister traf, sagte dieser zu ihm: „Du bist ein junger weiser Yogi, du könntest mein Schüler werden." Daraufhin fragte Drogön Retschen: „Welche Art von Schüler habt Ihr?" Der Meister antwortete ihm: „Einer heißt Bältsa Tagdölpa, ein anderer Detschung Sangye, und noch andere." Und dann schickte er ihn zu Detschung Sangye. Als dieser ihn sah, sagte er zu ihm: „Du bist ein weiser junger Yogi, du könntest ein Schüler meines Meisters werden." Darauf schickte er ihn zu Bältsa Tagdölpa, der in einer Höhle in den Bergen meditierte. Als Drogön Retschen die Höhle betrat, sah er dort einen Tiger liegen. Erschrocken ging er zurück. Detschung Sangye sagte ihm: „Geh noch einmal hin." Diesmal fand er nur einen kleinen Wassertümpel vor, der von einer sprudelnden Quelle genährt wurde. Er ging um ihn herum, warf einige Steinchen ins Wasser und ging zurück. Detschung Sangye sagte ihm jedoch: „Geh noch einmal hin." Beim dritten Mal nun traf er einen Yogi an, der schon ein älterer Mann mit leicht ergrautem Haar war. Er saß in

Meditation, und in seinem Schoß lagen die Steinchen, die Drogön Retschen ins Wasser geworfen hatte. Bältsa Tagdölpa sagte zu ihm: „Du bist ein weiser junger Yogi, du könntest ein Schüler meines Meisters werden." Drogön Retschen dachte: „Bereits seine Schüler besitzen solch außergewöhnliche Fähigkeiten." Und er ging zu Düsum Khyenpa zurück und bat ihn um Unterweisungen.

Der Einsiedler Mönlam hatte von einem Lehrer Unterweisungen in der Meditation erhalten und durch ihre praktische Anwendung ein wenig innere Sammlung erlangt. Eines Tages traf er den Meister Sodschungba, der zu ihm sagte: „Deine Meditation gleicht einem schneebedeckten Klumpen, ich weiß nicht, ob es ein Erdklumpen oder ein Stein ist. Doch ich besitze die tiefe und echte Lehre des großen Meisters Padampa Sangye. Willst du mir nicht folgen?" Der Einsiedler antwortete: „Ich bin bereit, mit dir zu gehen." Und so wurde er der Diener von Meister Sodschungba und wanderte mit ihm durch Tibet und trug dessen Habe und die Gaben, die er von Gläubigen erhielt, auf seinem Rücken. Er diente ihm eine ganze Weile, aber erhielt nicht eine einzige Unterweisung von ihm. Eines Tages füllte der Meister ein leeres Paket, das braunen Zucker enthalten hatte, heimlich mit Steinen und packte es in den Rucksack seines Schülers, wobei er zu ihm sagte: „Dieser braune Zucker sollte von uns, Meister und Schüler, gegessen werden, wenn wir in Tolung angekommen sind." Der Schüler trug den Rucksack willig. Da er aber sehr schwer war, ermüdete er bald. Der Meister fragte ihn:

„Bist du müde?" Der Schüler: „Ja, ich bin etwas müde."
„Gut, dann will ich rasten", sagte der Meister und
setzte sich mit gekreuzten Beinen auf eine Wiese. Mönlam erholte sich ein wenig, dann brachen sie wieder auf.
Als sie den höchsten Punkt des Bergpasses erreicht hatten, holte Sodschungba das Paket aus dem Rucksack
und sagte: „Dies hat keinen Nutzen." Er packte vor den
Augen Mönlams die Steine aus und warf sie fort. Als sie
in Tolung im Hause eines Gläubigen übernachteten,
dachte Mönlam am Abend: „Dieser Mann ist bestimmt
nicht im Besitz einer tiefen und echten Lehre. Ich sollte
zu einem anderen Lehrer gehen." Doch um Mitternacht
kam ihm ein anderer Gedanke: „Manchmal scheint dieser Mann ja zu wissen, was ich denke. Vielleicht besitzt
er ja doch die tiefe Lehre." Und bei Morgengrauen ent-
schied er sich, daß er ihm weiterhin dienen würde. Am
Morgen sagte Sodschungba zu ihm: „Oh Mönlam, dein
Gedanke am Abend war nutzlos, aber der um Mitternacht war besser und der bei Morgengrauen war richtig."

Eines Tages aß der Meister sein Frühstück heimlich und sagte anschließend zu Mönlam: „Ein Mann
hat Lehrer und Schüler heute zum Frühstück eingeladen. Laß uns zu ihm gehen." Als sie an ein Haus
kamen, sagte der Meister: „Dies ist nicht das Haus."
Und sie gingen zum nächsten, und wieder sagte er:
„Dies ist nicht das Haus." Und so ging es den ganzen
Tag lang, ohne daß Mönlam etwas zu essen erhielt.
Als sie zurück gingen, war Mönlam ziemlich verärgert.

Ein anderes Mal schickte der Meister ihn, eine Arbeit zu erledigen, und als er zurückkam, fand er einen

Fremden, der auf Besuch war, und hörte, wie der Meister ihm zuflüsterte: „Mönlam ist gekommen, versteckt Eure Habseligkeiten, es könnte sein, daß er sie sonst stiehlt." Mönlam dachte: „Ich habe ihm jetzt schon lange aufrichtig und ehrlich gedient, und doch sagt er noch solche Dinge über mich." Und eine rasende Wut stieg in ihm auf, so daß er seinen Dolch zog und auf Sodschungba zustürzte. Dieser floh in die Vorratskammer und verschloß die Tür von innen. Als Mönlam an die Tür kam, rief Sodschungba von innen: „Oh Mönlam, dein Geist ist jetzt voller Wut, schaue in ihn hinein!" Mönlam schaute in seinen Geist und erlangte plötzlich eine unmittelbare Einsicht in die reine und unverhüllte Natur des Geistes. Seine Freude war groß, und er griff mit beiden Händen die Zipfel seiner Jacke und begann zu tanzen und zu singen: „Oh Gütiger! Ya-i! Oh du, geschickt in der Anwendung der Mittel! Ya-i! Oh Weiser! Ya-i!" Sodschungba öffnete darauf die Tür, kam heraus und sagte: „Ich habe schon früher verschiedene Male versucht, deinen Ärger zu provozieren, aber dein Ärger wurde nicht groß genug. Doch diesmal hat es gereicht, um eine wirkliche Einsicht in die Natur des Geistes hervorzurufen." Anschließend übertrug er ihm die tiefe Lehre.

Mönlam folgte seinem Meister bis zu dessen Tode. Er diente ihm insgesamt vierunddreißig Jahre lang. Dann baute er sich eigenhändig eine Hütte, in der er Ziegen hielt und auf deren Dach er sein Bett stellte. Die meiste Zeit verbrachte er, indem er Kuhdung sammelte oder mit den Kindern Steinewerfen spielte. Aufgrund seiner großen inneren Vervollkommnung wurde er von den Menschen sehr verehrt.

Der Yogi Schabkar meditierte in einer Höhle in den Bergen. Eines Tages zur Mittagszeit, als der Himmel klar war, ging er auf den Gipfel des Hügels oberhalb seiner Höhle und ließ sich dort nieder. Von Norden her kam eine weiße Wolke über einen Berggipfel gezogen, so wie kochende Milch in einem Topf überschäumt. Als er dies sah, kam ihm die Erinnerung an seinen verstorbenen spirituellen Vater, und Sehnsucht überwältigte seinen Geist. Er begann einen flehentlichen Gesang, worin er sich der Güte seines Meisters erinnerte. Schließlich rief er, von Traurigkeit und Verlassenheit überwältigt, unter Tränen: „Hörst du mich Vater? Wenn ja, erscheine aus dem reinen unermeßlichen Raum der allumfassenden Wahrheit jetzt in diesem Augenblick in sichtbarer Gestalt vor mir, und tröste deinen Sohn in seiner Verlassenheit." Wie er so flehte, schwoll die Wolke weiter an und wurde zu einem Hügel aus Juwelen, auf dessen Spitze in einem Zelt aus Regenbogenlicht der verstorbene Meister erschien. Er leuchtete in einem überirdischen Licht und sagte lächelnd: „Mein Sohn, du bist wie mein Herz, verzweifle nicht. Praktiziere dein Leben lang und hilf den fühlenden Wesen. Am Ende deines Lebens werde ich dir den Weg zeigen und dich an das klare Licht des Todes erinnern. Sei nicht traurig, sondern schaue auf den Geist, der die Traurigkeit empfindet. Es ist der Geist, der sich an den Meister erinnert; es ist der Geist, worin sich der Meister wieder auflöst. Verweile in der ungetrübten Natur des Geistes." Mit diesen Worten stieg der Meister in anmutigen Bewegungen höher und höher und löste sich schließlich wie ein Regenbogen am Himmel auf. Auch die Wolken lösten sich im Himmelsraum auf. Mit ihnen schwand Schabkars Kummer, und er blieb eine Weile lang in einem heiteren, gelösten Geisteszustand, der jenseits allen Denkens liegt.

Ein Mann kam zu Meister Dschamgön Kongtrul und erzählte ihm: „Ich habe neun Jahre lang in einer Hütte in Zurückgezogenheit meditiert, und jetzt bin ich so weit: Wann immer ich meine Aufmerksamkeit auf etwas richte, so bleibt sie, ohne zu wanken, darauf konzentriert. Ich fühle mich sehr ruhig und heiter und erfahre einen Zustand, der völlig frei von Gedanken und voller Glückseligkeit und Klarheit ist. Ich würde sagen, daß ich in meiner Meditation recht erfolgreich war." Dschamgön Kongtrul jedoch antwortete nur: „Oh, wie bedauerlich!" Der Mann hatte so eine Antwort nicht erwartet und zog sich ein wenig verunsichert zurück.

Als er in seinem Zimmer war, überdachte er die Begegnung, und da er sich seiner Verwirklichung ganz sicher war, zweifelte er, ob Dschamgön Kongtrul tatsächlich ein so großer Meister war. Am anderen Morgen jedoch suchte er ihn wieder auf und sagte: „Meister, ich glaube wirklich, daß meine Praxis meditativer Sammlung gut ist. Ich habe es geschafft, die geistigen Zustände von Freude und Schmerz als gleich anzusehen, und Gier, Haß und Unwissenheit haben nicht mehr wirkliche Macht über mich. Ich würde sagen, daß dies nach neun Jahren Meditation recht gut ist." Meister Dschamgön antwortete wiederum nur: „Oh, wie bedauerlich!" Diese Worte verunsicherten ihn diesmal noch mehr als am ersten Tage, und er fragte: „Ich bin aufgrund Eures großen Ansehens zu Euch gekommen, um

Euch über die Natur des Geistes zu befragen. Am Tage ist meine Meditation gut, dazu habe ich keine Fragen, doch wie soll man in der Nacht praktizieren, da habe ich einige Schwierigkeiten?" Dschamgön Kongtrul aber antwortete wiederum nur: „Oh, wie bedauerlich!" Da dachte der Mann bei sich: „Vielleicht ist er gar kein so großer Meister und hat gar nicht die Erfahrungen, die ich habe, und ist nur neidisch. Wenn ich ihm erzähle, daß ich auch noch die Hellsicht erlangt habe und mehrere Tage in die Zukunft sehen kann, wird er wohl glauben, daß ich gut meditiert habe." Doch der Meister sagte auch darauf nur: „Oh, wie bedauerlich!"

Der Mann zog sich zurück. Die Reaktion des Meisters gab ihm reichlich zu denken. Nach einigen Tagen schließlich suchte er Dschamgön Kongtrul auf und bat: „Meister, ich werde mich wieder zur Meditation zurückziehen. Bitte gebt mir einen Rat, wie ich meditieren soll." Der Meister antwortete ihm: „Du sollst überhaupt nicht meditieren. Gib von heute an alle vorsätzliche Meditation auf. Geh zu deiner Hütte zurück und praktiziere dort drei Jahre lang in Abgeschiedenheit. Doch bemühe dich nicht im geringsten, eine Meditation aufzubauen und einen Zustand der Stille zu halten. Laß alle Anstrengung fallen." Der Mann verstand nicht so recht, wie das funktionieren sollte, doch da er inzwischen Vertrauen gefaßt hatte, sagte er: „In Ordnung, ich werde es versuchen."

Im ersten Jahr fiel es ihm sehr schwer, nicht vorsätzlich zu meditieren. Jedesmal, wenn er einfach gelassen sein wollte, fand er, daß er schon wieder eine Absicht mit seiner Meditation verband. Im zweiten Jahr wurde es allmählich besser, und er erkannte, daß er mit seiner bisherigen Art des Meditierens nur den Geist beschäftigt gehalten hatte. Er verstand nun, was der Meister gemeint hatte, als er sagte: Du sollst überhaupt nicht meditieren. Im dritten Jahr erlangte er wirkliche Nicht-Meditation, ließ alles vorsätzliche Denken und Handeln völlig hinter sich und verweilte in einem natürlichen Zustand, wo er den Geist einfach so beließ, wie er von Natur aus ist. An diesem Punkt geschah nichts Besonderes mehr in seiner Meditation, alle Hellsicht und alle Erfahrungen von Glückseligkeit waren verschwunden, und er dachte: Jetzt habe ich meine Meditation gänzlich verloren. Als die drei Jahre vorüber waren, begab er sich wieder zu Dschamgön Kongtrul, erzählte ihm von seinen Erfahrungen und bat um seinen Rat. Der Meister sagte erfreut: „Recht so, recht so. In diesen drei Jahren hast du erfolgreich meditiert. Man sollte nicht meditieren, indem man etwas vorsätzlich im Geist behält, aber man sollte auch nicht zerstreut sein." Der Mann antwortete: „Die Phasen der Zerstreutheit sind meistens recht kurz, dies mag vielleicht von meinem vorherigen Üben des ruhigen Verweilens herrühren. Doch ich glaube, ich habe entdeckt, was Ihr meint. Jetzt erfahre ich einen Zustand, der nicht durch die Meditation geschaffen wurde und doch eine Weile lang aus sich heraus anhält." „Genau das ist es", erwiderte Dschamgön Kongtrul. „Verbringe nun den Rest deines Lebens damit, dich daran zu gewöhnen, in diesem Zustand natürlich zu verweilen."

Tschag fragte seinen Meister, als dieser auf dem Sterbebett lag: „Meister, Ihr werdet nicht mehr lange in dieser Welt bleiben. Nach Eurem Tode, soll ich dann meditieren?"

„Das wird nicht viel nützen", antwortete der Meister.

„Soll ich dann Unterweisungen geben?"

„Das wird nicht nützlich sein", antwortete wiederum der Meister.

„Soll ich dann abwechselnd meditieren und Unterweisungen geben?" fragte Tschag.

Der Meister antwortete: „Auch das wird nichts nützen."

„Meister, wie soll ich denn dann handeln?"

Der Meister antwortete: „Löse dich vollkommen von der Anhaftung an dieses Leben."

CHRISTENTUM

Die Väter sprachen: „Wenn jemand zu einem Mann Gottes Vertrauen hat und sich ihm ganz unterstellt und überläßt, dann braucht er nicht so sehr auf die Gebote Gottes zu achten, sondern er soll sich vielmehr mit seinem ganzen Willen jenem geistlichen Vater übergeben. Denn wenn er ihm in allem gehorcht, wird er vor Gott in keine Sünde fallen."

So wie der, welcher keinen Führer hat, den Weg verliert, so wird auch der, welcher nach seinem eigenen Gutdünken ein einsames Leben beginnt, leicht verloren gehen, auch wenn alle menschliche Weisheit in ihm wäre.

Klimakus

Wer allein bleiben will, ohne einem Lehrer oder Führer zu folgen, gleicht einem einsamen und herrenlosen Baum auf weiter Flur. Mag er auch noch so viele Früchte tragen, sie gelangen doch nicht zur Reife, weil die vorübergehenden Wanderer sie vor der Zeit pflücken.

Johannes vom Kreuz

Eine tugendhafte, aber alleinstehende und führerlose Seele gleicht einer brennenden Kohle. Anstatt sich mehr zu entzünden, erkaltet sie.

Johannes vom Kreuz

Vor allem andern mußt du nach göttlichem Ausspruch auf alles Weltliche verzichten und die ruhige und vollkommene Unterwerfung erwählen; dann suche mit großem Eifer einen irrtumsfreien Führer und Lehrer. Er soll den heiligen Geist in sich haben und ein Leben führen, das mit seinen Worten übereinstimmt, erfüllt von hohem Denken, aber demütigen Herzens, in jeder Weise gut, so wie nach den göttlichen Aussprüchen ein Lehrer im Sinne Christi sein soll. Hast du ihn aber gefunden, so hänge ihm mit Leib und Seele an, wie ein liebender Sohn seinem eigenen Vater. Dann mußt du ganz zu ihm gehören und seinen Vorschriften vollkommen vertrauen; du mußt auf ihn wie auf Christus selber sehen, nicht mehr wie auf einen Menschen, und alles Mißtrauen und alle Zweifel weit von dir werfen. Ja sogar deine eigenen Gedanken mußt du aufgeben und dein Wollen und Wünschen und so einfach und unbesorgt den Spuren des Lehrers folgen.

Kallistus und Ignatius

Nach Jesus Christus und den Aposteln wurde im Christentum die Weitergabe der Lehre in einer Meister-Schüler-Beziehung vor allem in seinen asketischen Traditionen bewahrt. In der Überlieferung der Wüstenväter und in den Klöstern gibt es den geistigen Vater, der selber viele Jahre den Weg der Askese und des Gebetes beschritten hat, aus eigenem Erleben die dunklen Seiten des menschlichen Geistes kennt und weiß, wie leicht sich ein ungeübter Geist auf dem Weg irren kann. Der Suchende begibt sich in die Obhut eines solchen Meisters und folgt ihm wie ein offenherziges, aufrichtiges Kind in Gehorsam und Demut. Der geistige Vater erzieht seine Schüler mit Herzenswärme und gerechter Strenge und führt sie, wenn sich eine echte innerliche Beziehung von Herz zu Herz entwickelt, die von göttlicher Liebe überstrahlt ist, Schritt für Schritt in das wahre geistige Leben ein. Wird ein Schüler im Innern seiner Seele immer aufgeschlossener, so wird ihn der Meister zu dem geleiten, was ganz geistig und dem gewöhnlichen Verstand unfaßbar ist. Er lernt die Kunst des tiefen leidenschaftsfreien Gebets und erlangt auf diesem Weg allmählich die heiligende Vollkommenheit des Geistes.

Ein Schriftgelehrter fragte Jesus: „Meister, was muß ich tun, damit ich das ewige Leben erreiche?" Jesus antwortete ihm: „Wie steht es im Gesetz geschrieben? Was liest du dort?" Und er antwortete: „Liebe Gott, deinen Herrn, von ganzem Herzen, von ganzer Seele, mit allen Kräften und mit ganzem Gemüt, und deinen Nächsten liebe wie dich selbst." Jesus sagte: „Du hast recht geantwortet. Tue das, und du wirst leben." Der Schriftgelehrte aber wollte sich selbst rechtfertigen und sprach: „Wer ist denn mein Nächster?" Jesus antwortete ihm: „Ein Mensch ging von Jerusalem nach Jericho und fiel den Räubern in die Hände, die ihn auszogen, schlugen und halbtot liegen ließen. Es geschah, daß ein Priester die Straße entlangkam, der sah ihn und ging vorüber. Dann kam ein Levit, sah ihn und ging vorüber. Schließlich kam ein Samariter, der sah ihn und hatte Mitempfinden. Er ging zu ihm, verband ihm seine Wunden, goß Öl und Wein darauf, hob ihn auf sein Tier und brachte ihn in eine Herberge. Dort pflegte er ihn. Bevor er am anderen Tag weiterreiste, gab er dem Wirt Geld und sagte ihm: ‚Kümmere du dich um ihn, und falls du mehr ausgibst, so will ich es dir bezahlen, wenn ich zurückkomme.' Was glaubst du, wer von den dreien war dem, der unter die Räuber gefallen war, der Nächste?" Der Schriftgelehrte antwortete: „Der die Barmherzigkeit ihm gegenüber übte." Und Jesus sagte: „So gehe hin und verhalte dich genauso."

Ein junger Mann kam zu Jesus und fragte: „Guter Meister, was soll ich Gutes tun, damit ich das ewige Leben erlangen möge?" Jesus antwortete: „Was nennst du mich gut, ist doch niemand gut als Gott allein. Willst du aber zum ewigen Leben eingehen, so halte die Gebote." Der junge Mann fragte: „Welche?" Jesus sagte: „Du sollst nicht töten, nicht ehebrechen, nicht stehlen, nicht falsches Zeugnis geben, du sollst Vater und Mutter ehren und deinen Nächsten lieben wie dich selbst." Da sprach der Jüngling: „Das habe ich alles von meiner Kindheit an eingehalten, und was fehlt mir noch?" Jesus sagte ihm: „Willst du vollkommen sein, so gehe hin, verkaufe was du hast und gib es den Armen, so wirst du einen Schatz im Himmel haben, und dann komme und folge mir nach." Als er das hörte, ging er betrübt fort, denn er hatte viele Güter. Jesus aber sprach zu seinen Schülern: „Wahrlich, ein Reicher wird schwer ins Himmelreich kommen. Es ist leichter, daß ein Kamel durchs Nadelöhr geht, als daß ein Reicher ins Reich Gottes komme." Als die Schüler das hörten, waren sie entsetzt und fragten ihn: „Ja, wer kann denn dann selig werden?" Jesus sah sie an und sagte: „Bei den Menschen ist es unmöglich, doch bei Gott sind alle Dinge möglich."

Als Jesus mit seinen Schülern unterwegs war, sprach einer zu ihm: „Meister, ich will dir folgen, wohin du auch gehst." Jesus antwortete ihm: „Die Füchse haben Gruben und die Vögel unterm Himmel haben Nester, doch der Menschensohn hat nichts, wohin er sein Haupt legen könnte." Und er sprach zu einem andern: „Folge mir nach." Der aber entgegnete: „Herr erlaube mir, daß ich zuvor meinen verstorbenen Vater begrabe." Doch Jesus sagte: „Folge du mir, und laß die Toten ihre Toten begraben." Und ein anderer sprach: „Herr, ich will dir nachfolgen, aber erlaube mir, daß ich zuvor von den Menschen in meinem Hause Abschied nehme." Jesus aber erwiderte: „Wer seine Hand an den Pflug legt und sieht zurück, der ist für das Reich Gottes nicht geeignet."

Als der heilige Antonius in der Wüste lebte, schlich sich der Überdruß in seine Seele, und sein Geist war von Verwirrung und Zweifel bedrängt. Er flehte zu Gott: „Herr, wie kann ich heil werden, so daß ich nicht mehr unter meinen Gedanken leide? Was soll ich tun in dieser Bedrängnis?"

Wie er nach einer Weile aufstand und ins Freie ging, sah er jemanden, der ihm glich, an seinem Platz sitzen und arbeiten. Nach einer Weile stand dieser von der Arbeit auf und hob die Hände zum Gebet, danach setzte er sich wieder hin und flocht eine Matte aus Palmblättern, dann erhob er sich wieder und betete. Dann sprach der Mann zu ihm: „Wenn du so verfährst, wirst du heil werden." Mit diesen Worten verschwand er. Antonius erkannte, daß der Herr sein Gebet erhört und ihm einen Engel zur Belehrung und Stärkung geschickt hatte. Er wurde von großer Freude erfaßt und von neuem Mut erfüllt. Wie er so dem Beispiel des Engels folgte, fand er bald die Befreiung, die er gesucht hatte.

Es lebte ein Einsiedler in der Wüste, zu dem kam ein besorgter Vater und klagte ihm, daß sein Sohn ein großer

Taugenichts sei. „Ich befürchte, daß er in der Hölle landen wird, wenn er sich nicht bessert. Was soll ich nur tun? Bitte, erteile mir einen Rat." Der Weise schwieg lange und sagte schließlich: „Geh heim und sammle einen großen Haufen trockenes Holz. Dann nimm deinen Sohn, fessele ihn, setze ihn auf den Haufen und zünde das Holz an." Der Vater war zutiefst erschrocken und sagte: „Das kann ich nicht. Ich bin doch sein Vater. Wie könnte ich meinen eigenen Sohn, auch wenn er noch so ein Taugenichts ist, auf dem Scheiterhaufen verbrennen!" Der Einsiedler sagte lächelnd: „Wenn es so ist, wie sollte dann Gott, der doch der Vater von uns allen ist, sein Kind, deinen Sohn, für die Dummheiten der Jugend im Feuer der Hölle verbrennen?"

Ein Einsiedler flehte zu Gott, daß er alle Leidenschaften und Anfechtungen von ihm nehme. Nach einer Weile schien es ihm, daß sein Gebet Erhörung gefunden hatte, da keinerlei Beunruhigung mehr in seinem Geist auftauchte. Er begab sich zu seinem geistlichen Vater und sagte zu ihm: „Ich habe Ruhe und Frieden erlangt. Gott hat mein Gebet erhört und mich von allen Leidenschaften und Anfechtungen befreit." Der alte Mann aber sprach zu ihm: „Deine Ruhe und dein Frieden taugen nichts für die Entwicklung deiner Seele. Gehe und bete zu Gott, daß die Leidenschaften und Anfechtungen wieder zurückkehren, denn gerade durch die Anfechtungen macht die Seele Fortschritte." Der Einsiedler folgte dem Rat des Greises, und als die Leidenschaften und Anfechtungen zurückkehrten, betete er nicht mehr, daß er von ihnen befreit werde, sondern

74

daß er die Geduld habe, ihnen standzuhalten und durch sie wirkliche Fortschritte in der geistigen Entwicklung zu machen.

Es waren drei Freunde, die gemeinsam die Mönchsweihe genommen hatten. Der eine begann danach für den Frieden unter den Menschen zu arbeiten, der andere wollte sich um die Kranken sorgen, und der letzte begann das Leben eines Einsiedlers in der Wüste. Der erste mühte sich nun inmitten der Streitigkeiten der Menschen und war nicht imstande, sie zu schlichten. Der Verdruß überkam ihn, und er suchte den auf, der die Kranken betreute. Aber auch dieser war geistig nicht vorangekommen. Die beiden entschlossen sich, ihren Freund in der Wüste zu besuchen. Sie erzählten ihm von ihren Schwierigkeiten und fragten, wie es ihm denn ergangen sei. Der Freund schwieg eine Weile, nahm dann den Wasserkrug und leerte Wasser in eine Schale. „Schaut wie milchig trübe das Wasser jetzt ist." Und nach einer Weile des Wartens sagte er: „Seht, wie durch das Ruhenlassen das Wasser klar und durchsichtig geworden ist." Die beiden schauten hinein und konnten ihre eigenen Gesichter wie in einem Spiegel sehen. Und der Freund sagte zu ihnen: „Wenn man viel unter den Menschen weilt, kann der unruhige Geist seine eigenen Fehler nicht sehen, doch wenn man ruhig und abgeschieden von allem in Einsamkeit verweilt, dann wird der Geist still, und man erkennt die eigenen Mängel."

Ein junger Mönch, der aufrichtig der Lehre Christi nachstrebte, wurde vom Dämon der Lust bedrängt. Da er nicht wußte, wie er sich helfen sollte, suchte er einen alten Mönch auf und erzählte ihm, daß sein Geist häufig von sexuellen Phantasien und Bildern erregt sei und er dann nicht mehr ein noch aus wisse. Der Greis, der sich nicht erinnern konnte, daß er jemals in seinem Leben von sexuellen Phantasien erregt worden war, sagte zu dem jungen Mönch: „Wenn du solche Phantasien und Bilder in deinem Geist aufkommen läßt, bist du es nicht wert, das Mönchsgewand zu tragen." Als der junge Mann dies hörte, war er völlig entmutigt. Er ging in seine Zelle, packte seine Habe und verließ das Kloster, um in die Welt zurückzukehren.

Unterwegs traf er den Vater Apollo, der sah, daß er schwermütig und traurig war, und fragte ihn: „Mein Sohn, warum bist du so traurig?" Anfangs wollte der junge Mönch aus Beschämung nicht antworten, doch als der Vater Apollo ihn gütig ermunterte, erzählte er ihm die ganze Begebenheit. Der greise Vater war wie ein weiser Arzt. Er lächelte und sagte: „Mein Sohn, glaube nicht, daß Phantasien und Bilder der Lust etwas Seltsames oder Ungewöhnliches sind, und verzweifle darüber nicht. Selbst ich in meinem hohen Alter werde manchmal noch arg von solchen Gedanken bedrängt. Man muß diese Gedanken und Gefühle als eine Herausforderung an die eigene Geistesstärke nehmen. Das Heilmittel ist nicht ängstliches und besorgtes menschliches Denken, sondern Vertrauen in Gottes Mitgefühl. Ich bitte dich, gehe zumindest für heute in deine Zelle zurück, und gib deine guten Bemühungen nicht auf." Der junge Mönch fühlte sich emporgehoben und ging erleichtert zu seiner Zelle zurück.

Der Vater Apollo aber begab sich zur Zelle des alten Mönches, der seinen jungen Mitbruder in die Verzweiflung gestürzt hatte, und betete draußen vor der Tür zu Gott: „Herr, der du die Versuchung schickst, wenn sie gebraucht wird, schicke die sexuellen Phantasien und Bilder, von denen der junge Bruder bedrängt war, diesem alten Mann, damit er durch Erfahrung lernt, was ihm in der Länge seines Lebens niemals gelehrt wurde: Mitgefühl mit jenen zu haben, die den Anfechtungen der Lust ausgesetzt sind." Kaum hatte er sein Gebet zu Ende gesprochen, sah er, wie die Dämonen der Lust ihre Pfeile auf den alten Mann abschossen und wie dieser, als hätte er zuviel Wein getrunken, zu schwanken und zu wanken begann. Die Lust wurde so stark, daß er es schließlich nicht mehr aushielt, er verließ seine Zelle und nahm dieselbe Straße, die der junge Mann genommen hatte, um in die Welt zurückzukehren.

Vater Apollo, der dies alles mitverfolgt hatte, kam ihm auf der Straße entgegen und fragte ihn: „Wohin gehst du, Bruder? Welche Sorge hat dich befallen?" Der alte Mann konnte vor lauter Beschämung nicht antworten, da er sah, daß der Vater Apollo um seinen Zustand zu wissen schien. Der heilige Mann sagte ihm: „Gehe nun wieder in deine Zelle zurück, und erkenne deine Schwäche. Entweder hatte dich der Teufel bis heute vergessen oder dich nicht für wert befunden, dich zu einem Kampf herauszufordern. Du konntest heute den Anfechtungen nicht einmal einen Tag lang standhalten und hast doch den jungen Bruder, der zu dir kam, um Rat zu holen, in die Verzweiflung gestürzt, anstatt ihm Worte des Trostes und der Ermunterung zu geben. Niemand kann das Feuer, das in unserer Natur entflammt, löschen oder dämmen, wenn nicht Gottes Kraft der menschlichen Schwäche Stärke verleiht."

Zum Vater Lucius in Enna kamen einige Mönche, die sich Männer des Gebets nannten, und der Vater fragte sie: „Welche Art von Handarbeit macht ihr?" Und sie antworteten: „Wir führen überhaupt keine Handarbeiten aus, doch beten wir, wie der Apostel sagt, ohne Unterlaß." „So eßt und schlaft ihr gar nicht?" „Doch wir essen und schlafen." „Und wer betet dann für euch, während ihr eßt und schlaft?" Und sie wußten keine rechte Antwort zu geben. Der Vater Lucius sprach darauf: „Vergebt mir, meine Brüder, aber dann betet ihr nicht wirklich ohne Unterlaß. Doch ich will euch zeigen, wie ich, während ich mit meinen Händen arbeite, ohne Unterlaß bete. Während ich sitze und mit der Hilfe Gottes meine Palmmatten flechte, wiederhole ich: ‚Oh Gott, habe in deiner liebenden Güte Erbarmen mit mir und lösche all meine Vergehen aus.' Ist dies ein Gebet oder nicht?" Als sie zustimmend nickten, fuhr er fort: „Wenn ich so den ganzen Tag arbeite und mit Herz und Mund bete, verdiene ich mehr oder weniger sechzehn Dinar, von denen ich zwei vor die Tür lege und den Rest für Nahrung ausgebe. Derjenige aber, der die zwei Dinare findet, betet für mich während ich esse und schlafe, und so ist durch Gottes Gnade das Beten ohne Unterlaß in mir erfüllt."

Ein Bruder in der Wüste Skete wurde für schuldig befunden, und die älteren Brüder versammelten sich und baten den Vater Moses, zur Versammlung zu kommen. Doch dieser kam nicht. Ein Priester wurde zu ihm geschickt, der ihm sagte: „Komm, die Versammlung der Brüder wartet auf dich." Und er stand auf und kam. Doch zuvor nahm er einen alten Korb, füllte ihn mit Sand und zog ihn hinter sich her. Als sie herauskamen, um ihn zu treffen, fragten sie ihn: „Vater, was bedeutet dies?" Und der alte Mann antwortete: „Meine Sünden rennen hinter mir her, und ich sehe sie nicht, und ich bin heute hierhergeholt worden, um über die Sünden eines anderen Menschen zu urteilen." Nachdem sie diese Worte gehört hatten, sagten sie nichts zu dem Bruder, sondern vergaben ihm.

Der Vater Gelasios besaß eine kostbare Bibel aus Pergament, und er legte sie, damit jeder der Brüder sie lesen konnte, in die Kirche. Eines Tages kam ein fremder Mönch vorbei, sah die kostbare Bibel, stahl sie und lief fort damit in die Stadt. Dort suchte er einen Käufer und fand schließlich einen Interessenten, dem er sie für sechzehn Goldtaler anbot. Der Mann war sich nicht sicher, ob der Preis für die Bibel wirklich gerechtfertigt war, und sagte: „Gib sie mir, damit ich sie einem Sachverständigen zeigen kann, und dann will ich sie dir zahlen." Der Mönch willigte ein, und der Käufer begab sich mit der Bibel zu Vater Gelasios.

Der Vater sah, daß es seine Bibel war, verlor aber kein Wort darüber, sondern sagte nur: „Kaufe sie, es ist eine gute Bibel und wirklich den Preis wert, den er dir genannt hat." Der Käufer ging zurück und sagte, weil er einen geringeren Preis erzielen wollte, zu dem Dieb: „Ich habe sie dem Vater Gelasios gezeigt, und der sagte, sie sei wertvoll, jedoch nicht den Preis wert, den du verlangst." „Und sonst hat er nichts gesagt?" „Nein", antwortete erstaunt der Käufer. „Dann will ich die Bibel doch nicht verkaufen", sagte der Mönch, nahm sie und begab sich voller Reue zu Gelasios. Der alte Mann aber wollte die Bibel nicht zurücknehmen. Wie der Mönch ihn jedoch eindringlich bat und sagte: „Wenn Ihr sie nicht zurücknehmt, werde ich niemals meine Ruhe haben", nahm er sie wieder an sich. Der Mönch aber wurde sein Schüler und blieb bis zu seinem Tode bei ihm.

Eines Tages drangen Räuber in die Einsiedelei eines alten Mannes und sagten ihm: „Wir sind gekommen, um allen Besitz aus deiner Zelle mitzunehmen." Und er antwortete ihnen: „Nehmt alles mit, was ihr seht, meine Söhne." Sie rafften alles zusammen, was sie finden konnten, und verschwanden. Wie der alte Mann sah, daß sie einen kleinen Beutel übersehen hatten, folgte er ihnen nach draußen und rief: „Meine Söhne, ihr habt diesen Beutel noch vergessen, nehmt ihn mit!" Wie die Räuber dies hörten, wurden sie von Scham ergriffen. Sie sagten, beeindruckt von seiner Ruhe und Gelassenheit: „Du bist wirklich ein Mann Gottes" und brachten ihm all sein Hab und Gut zurück.

Einem Mönch wurde regelmäßig von seinem Nachbarn alles gestohlen, was er in seiner Zelle hatte. Doch deckte er es nicht auf, sondern arbeitete härter mit seinen Händen, indem er sich sagte: „Mein Bruder ist wahrscheinlich in Not." Und er verlangte sich selbst mehr ab, als seine Gewohnheit war, und schnallte den Gürtel enger, so daß er in Bedürftigkeit sein Brot aß.

Als der alte Mann nun im Sterben lag, standen die Brüder um ihn herum. Und er schaute auf den, der ihn immer bestohlen hatte, winkte ihn zu sich heran, nahm seine Hände, küßte sie und sagte: „Ich danke diesen Händen, mein Bruder, denn durch sie gehe ich jetzt in das Königreich Gottes ein." Diese Worte trafen den Bruder mitten ins Herz, und er wurde von tiefer Reue erfaßt. Er nahm sich von da an die Haltung des großen alten Mannes zum Vorbild und wurde ein aufrichtiger Mönch.

Als Zacharias einmal zu seinem Vater Silvanus ging, fand er diesen in Ekstase mit zum Himmel erhobenen Händen. Wie er dies sah, schloß er die Tür und ging fort. Um die sechste Stunde ging er wieder hin und dann um die neunte und fand ihn immer noch so. Doch als er um die zehnte Stunde herum anklopfte, fand er ihn ruhig daliegen, und er fragte: „Was fehlt dir heute, Vater?" Der antwortete: „Ich war heute krank, mein Sohn." Der junge Mann aber erfaßte seinen Fuß und sagte: „Ich lasse dich nicht los, wenn du mir nicht erzählst, was du heute gesehen hast." Der alte Mann antwortete ihm: „Ich wurde in den Himmel gehoben und sah die Herrlichkeit Gottes. Und ich stand dort bis eben jetzt, und gerade wurde ich fortgeschickt."

Der Vater Moses ging zum Bruder Zacharias und fragte ihn um Rat. Zacharias war erschrocken und warf sich dem alten Mann zu Füßen: „Du fragst mich um Rat, Vater?" Moses antwortete ihm: „Glaube mir, mein Sohn, ich sah, wie der Heilige Geist auf dich herabkam, und deswegen muß ich dich fragen." Da nahm Zacharias die Kapuze von seinem Haupt und trat mit den Füßen darauf herum: „Solange das Ich des Menschen nicht so zertreten wird, kann er unmöglich Gott erlangen."

Vater Silvanus in Skete hatte einen Schüler mit Namen Markus, den er wegen seines Gehorsams sehr liebte. Er hatte auch elf weitere Schüler, die darüber betrübt waren, daß er diesen einen mehr liebte als sie. Als die alten Väter in der Nachbarschaft davon hörten, besuchten sie den Vater Silvanus, um ihn darüber zu befragen. Silvanus nahm sie mit zu den Einsiedeleien seiner Schüler, und er klopfte bei jedem einzelnen an die Tür und sagte: „Bruder, komm, ich brauche deine Hilfe." Doch keiner hörte darauf. Als er jedoch an Markus' Zellentür klopfte, kam dieser sogleich heraus, und der alte Mann schickte ihn, eine Besorgung zu erledigen. Dann sagte Vater Silvanus zu den anderen Vätern: „Wo sind nun die anderen Brüder?" Und er ging mit ihnen in Markus' Zelle. Dort lag ein Manuskript auf dem Tisch, worin Markus gerade ein großes O angefangen hatte. Doch als er die Stimme des alten Mannes hörte, hatte er sofort die Feder weggelegt und nicht einmal mehr den Buchstabenkreis zu Ende gezogen. Und die alten Männer sagten: „Wahrlich Vater, ihn, den du am meisten liebst, den lieben auch wir, denn Gott liebt ihn."

In der Nähe der Einsiedelei des Vaters Paul und seines Schülers Johannes gab es ein altes Monument, in dem eine böswillige Löwin hauste. Der alte Mann sah, daß ihr Dung um das Monument herum verstreut lag, und er sagte zu Johannes: „Geh und schaffe den Dung fort." Dieser entgegnete: „Aber was soll ich tun, Vater, wenn die Löwin kommt?" Der Greis darauf lächelnd: „Wenn sie kommt, nimm sie an die Leine, und bringe sie hierher." So machte sich der Bruder am selben Abend auf den Weg, und wie er anfing, den Dung zu sammeln, kam die Löwin hervor. Johannes dachte an die Worte des alten Mannes und machte einen Satz auf sie zu, um sie einzufangen. Die Löwin floh, und er rannte ihr hinterher und rief ihr zu: „Warte, mein Vater hat mir gesagt, daß ich dich an die Leine nehmen soll." Er kriegte sie zu fassen und band sie.

In der Zwischenzeit saß der alte Mann wartend in der Einsiedelei, die Zeit wurde lang, und er begann schon sich zu sorgen, als er seinen Schüler mit der Löwin am Ende eines Seiles hinter sich langsam herankommen sah. Vater Paul war höchst erstaunt über diesen Anblick, doch um ihn demütig zu halten, stieß er ihn und sagte: „Dummkopf, was bringst du mir diesen verrückten Hund hierher?" Und der Greis band sofort die Löwin los und schickte sie zu ihrem Platz zurück.

In Skete lebte ein alter Mönch, der einen ausdauernden Körper, aber zu seinem Bedauern einen vergeßlichen Geist hatte. Und so ging er zu einem Altvater, um mit ihm das Problem zu bereden. Dieser gab ihm guten Rat,

83

doch kaum war er in seiner Zelle, hatte er den Rat schon wieder vergessen. Und so ging er zurück und fragte noch einmal, aber sobald er seine Zelle erreicht hatte, war wieder alles vergessen. Und so ging er viele Male hin und zurück.

Einige Zeit später, als der Greis dem Altvater zufällig begegnete, sagte er ihm in der Unterhaltung: „Vater, weißt du, daß ich wieder vergessen habe, was du mir geraten hast? Aber ich kam nicht noch einmal zurück, damit ich keine Störung für dich würde." Da sagte der heilige Mann: „Geh, hole ein Licht und zünde es an." Der Bruder tat es, und der Vater sagte: „Nun bringe noch andere Lichter und zünde sie an diesem einen an." Und der Bruder tat es. „Ist nun das Licht, wovon du die anderen angezündet hast, in irgendeiner Weise verletzt worden?" fragte der Vater, und der Greis verneinte dies. „In gleicher Weise werde auch ich nicht verletzt, selbst wenn alle Einsiedler der Wüste Skete zu mir kämen. Und auch in der Liebe Gottes werde ich dadurch nicht behindert, komme deshalb wann immer du willst ohne jegliche Scheu." Dies nahm sich der Greis zu Herzen. Und bald befreite Gott durch die Geduld beider den alten Mann von seiner Vergeßlichkeit.

Der Vater Johannes wanderte gemeinsam mit einigen Brüdern durch die Wüste. Die Nacht war schon hereingebrochen, und ihr Führer war, ohne es zu merken, vom Weg abgekommen. Die anderen Brüder fragten leise den Vater Johannes: „Was sollen wir tun, Vater? Der Bruder hat den Weg verloren, und wir könnten uns verirren und zu Tode kommen." Johannes sagte: „Wenn wir es ihm sagen, wird er vielleicht bedrückt sein. Aber ich werde einfach vortäuschen, daß ich übermüdet bin." Und nach einer kurzen Weile rief der alte Mann dem Bruder zu: „Bruder, der Tag war lang, und meine alten Beine wollen nicht mehr so recht. Ich will mich hier niederlassen und bis zum nächsten Morgen ausruhen." Und die übrigen Brüder sagten daraufhin einstimmig: „Dann werden wir auch nicht weitergehen und uns neben dich setzen." So saßen sie gemeinsam bis zum nächsten Morgen. Und wie sie wieder aufbrachen, erkannte ihr Führer, daß er sich in der Nacht ein wenig verirrt hatte, und führte sie auf sicherem Wege heim.

Ein Bruder kam zum Vater Pastor und sagte: „Viele Gedanken kommen in meinen Geist, und durch sie bin ich in Gefahr." Der alte Mann nahm ihn mit nach draußen unter den freien Himmel und sagte zu ihm: „Dehne deine Brust und fange den Wind." Und er antwortete: „Das kann ich nicht." Da sagte der Vater: „So wie du dies nicht kannst, so kannst du auch nicht das Erscheinen der Gedanken verhindern, doch ist es an dir, ihnen nicht zu folgen."

Vater Makarios war mit einem jungen Schüler unterwegs, und wie sie einen Berg hinaufstiegen, ließ er den jungen Mann vorauseilen und ging gemächlich allein weiter. Der Mönch traf auf seinem Weg einen Priester der alten Götterreligion des Landes, der mit einem großen Holzklotz auf dem Rücken den Berg hinuntereilte, und er rief ihm zu: „Wohin so schnell des Wegs,

Teufel?" Diese Anrede machte den Priester so wütend, daß er den jungen Mann kräftig verprügelte und halbtot am Wegrand liegen ließ. Eine Weile später begegnete er dem Altvater Makarios, der ihn höflich grüßte und sagte: „Möge es dir gut gehen, Mühseliger, möge es dir gut gehen." Überrascht hielt der Priester an und fragte: „Was siehst du Gutes in mir, daß du mir Gutes wünscht?" Und der alte Mann erwiderte gütig lächelnd: „Ich sehe, wie du dich in Eile plagst und mühst und weißt nicht warum." Von der Freundlichkeit des Vaters im Herzen berührt, sagte der Priester: „Du bist wirklich ein Diener Gottes. Weiter oben jedoch traf ich einen Mönch, der mich als Teufel beschimpfte. Und da habe ich ihn in meiner Wut so sehr verprügelt, daß er jetzt zerschlagen am Wegrand liegt und nicht weiter kann." Dann führte er Makarios zu dem Platz, wo er den jungen Mönch zurückgelassen hatte. Sie hoben den Zerschlagenen auf und trugen ihn gemeinsam zur Kirche. Die Mönche dort waren höchst erstaunt, wie sie den gesegneten Makarios in Begleitung eines Götterpriesters sahen, und ihre Verwunderung nahm kein Ende, als dieser sich zu Füßen des alten Mannes niederwarf und ihn um die Mönchsweihe bat. Vater Makarios gab seine Zustimmung, und später sagte er: „Stolze und übelwollende Worte verwandeln gute Menschen in schlechte; gütige und demütige Worte hingegen bewirken selbst in schlechten Menschen einen Wandel zum Guten."

Ein Bruder sagte zum Vater Pastor: „Ich habe eine große Sünde begangen, und ich bin willens, dafür drei Jahre lang Buße zu tun." Doch der Vater antwortete ihm: „Das ist ziemlich viel." Und der Bruder fragte: „Würdest du mir ein Jahr verordnen?" Er antwortete wiederum: „Das ist ziemlich viel." Einige, die dabei standen, schlugen vierzig Tage vor. Doch der Vater Pastor sagte: „Das ist ziemlich viel. Ich denke, wenn ein Mensch von ganzem Herzen bereut und fest entschlossen ist, das nie wieder zu tun, was er jetzt bereut, so würde Gott eine Buße von drei Tagen wohl annehmen."

Ein Bruder war, als er in der Gemeinschaft verweilte, ruhelos und wurde häufig wütend. Und so sagte er sich: „Ich werde gehen und an irgendeinem Ort in der Einsamkeit leben. Wenn ich mit niemandem rede und keinen höre, so werde ich Frieden haben, und diese Leidenschaft der Wut wird gestillt werden." So ging er fort und lebte allein in einer Höhle.

Eines Tages füllte er einen Krug mit Wasser, und es geschah, daß der Krug, als er ihn auf den Boden stellte, umkippte. Er füllte ihn auf, und wieder fiel er um. So füllte er ihn noch einmal. Doch als er ihn auf den Boden setzte, fiel er zum dritten Mal um. Da geriet der Bruder in Wut und zerbrach den Krug. Wie er wieder zu sich kam, dachte er darüber nach, wie er vom Geist der Wut überlistet worden war und sagte: „Hier bin ich allein, und dennoch hat er mich besiegt. Ich werde zur Gemeinschaft zurückkehren, denn an allen Orten sind Mühe, Geduld und vor allem die Hilfe Gottes vonnöten." Und er kehrte zurück.

Der Vater Poemen teilte mit einem Mönch seine Zelle, der Streit mit einem anderen Bruder außerhalb des Klosters hatte. Deshalb mahnte Poemen ihn, doch der Mönch hörte nicht auf zu streiten. Und so begab sich der Vater zu einem anderen großen alten Mann und sagte zu ihm: „Der Bruder, mit dem ich die Zelle teile, hat Streit mit jemandem außerhalb unseres Klosters, und wir haben keinen Frieden." Der alte Mann entgegnete ihm: „Was, Poemen, du bist immer noch lebendig? Geh in deine Zelle, und nimm es dir zu Herzen, daß du schon seit einem Jahr im Grabe liegst."

Einst kam zu Vater Makarios ein Bruder und bat ihn: „Vater, sage mir, wie kann ich Ruhe und Frieden erlangen?" Der alte Mann sagte: „Gehe zum Friedhof, und beschimpfe die Toten so gut du kannst, und dann komm wieder zu mir." Der Bruder begab sich daraufhin zum Friedhof und schmähte die Toten mit den unflätigsten Worten, die ihm einfielen. Anschließend kehrte er zu Makarios zurück, der ihn zugleich fragte: „Nun, wie haben die Toten dein Schimpfen ertragen?" „Ich habe nicht ein Wort von ihnen vernommen", erwiderte der Bruder. „Dann gehe morgen noch einmal hin und lobe sie so gut du kannst", sagte der Vater. Am andern Tag begab sich der Bruder wieder zum Friedhof und lobte die Toten in den höchsten Tönen. Dann suchte er Makarios auf, der ihn sogleich fragte: „Nun, haben sich die Toten über deine lobenden Worte gefreut?" „Ich habe kein Wort von ihnen vernommen, der Friedhof war so still und ruhig wie am Tag zuvor", erwiderte der Bruder. Vater Makarios sagte darauf: „Jetzt weißt du, wie die Toten auf Lob und Tadel reagieren. Willst du Ruhe und Frieden erlangen, mußt du wie ein Toter sein und bei Lob und Tadel, in Ruhm und Schande vollkommen gleichmütig verweilen. So wirst du gerettet werden."

Zwei Mönche, die gemeinsam eine Zelle teilten, wurden von vielen Vätern wegen ihrer großen Demut und Geduld gepriesen. Ein Altvater hörte davon und dachte sich, daß er sie einmal besuchen und auf die Probe stellen wolle. Und so machte er sich eines Tages auf den Weg zu ihnen. Die beiden hießen ihn herzlich willkommen. Als sie die gewohnten Gebete und Psalmen gesprochen hatten, begab sich der alte Mann vor die Tür und sah, daß sie einen kleinen Gemüsegarten angelegt hatten. Da nahm er einen Stock und schlug mit aller Kraft auf das Gemüse ein, bis nicht einmal mehr ein Pflänzchen unversehrt war.

Die zwei Mönche sahen, welches Unheil der Vater in ihrem Garten anrichtete, doch ließen sie ihn gewähren und äußerten kein Wort der Klage oder des Unmuts. Wie der alte Mann wieder ins Haus kam, schaute er prüfend in ihre Gesichter, konnte darin aber nicht die leiseste Spur von Ärger oder Niedergeschlagenheit erkennen. Die beiden verbeugten sich vor ihm und sagten: „Vater, wenn es Euch recht ist, werden wir den Kohl holen, der noch übrig ist, und ihn kochen, denn es ist die Zeit, wo wir unser Mahl halten." Der heilige Mann verneigte sich vor ihnen und sagte: „Brüder, vergebt mir mein Tun. Der Ruf Eurer großen Demut und Geduld drang bis zu mir. Ich hingegen dachte mir, daß es gut sei, die Kraft Eurer Tugenden auf die Probe zu stellen. Nun sehe ich, daß der Heilige Geist auf Euch ruht, und bitte Euch, bewahrt Euch Eure große Demut und Geduld, denn diese werden Eure Größe und Herrlichkeit im Himmel im Angesichte Gottes sein."

Jemand, der sich der Nahrung enthielt und kein Brot aß, kam zu einem der Väter. Zufällig waren auch andere Pilger zu Besuch, und der alte Mann machte ihnen ein kleines Mahl. Als sie zu Tische saßen, nahm der enthaltsame Bruder nur eine eingeweichte Erbse und kaute sie. Nach dem Essen nahm der Vater ihn zur Seite und sagte ihm: „Bruder, wenn du jemanden besuchst, stelle nicht deine eigene Lebensweise zur Schau. Wenn du von deinem Weg nicht abweichen willst, so bleibe in deiner Zelle und gehe nicht fort." Der Bruder nahm sich die Worte des Greises zu Herzen und teilte hernach das gemeinsame Leben der Brüder in allem, was ihm zufiel.

Ein Bruder kam zum Vater Serapion, und dieser bat ihn, das übliche Gebet zu sprechen. Doch der Bruder weigerte sich, indem er sagte, daß er ein sündiger Mensch sei und der Mönchskutte, die er trug, unwürdig wäre. Und bei der Fußwaschung weigerte er sich mit genau denselben Worten. Der Greis jedoch veranlaßte ihn zu essen und begann in Liebe ihm zu raten: „Mein Sohn, wenn du Nutzen erzielen willst, so bleibe in deiner Zelle und schaue auf dich selbst und das Werk deiner Hände, denn das Reisen bringt dir weniger Vorteil als das Stillsitzen." Als der Mönch dies hörte, wurde er ärgerlich und konnte es vor dem alten Mann nicht verbergen. Vater Serapion sagte ihm: „Nun, du hast dich als sündigen Menschen bezeichnet und dich sogar als untauglich zu leben angeklagt, und wo ich dir diesen liebevollen Ratschlag gebe, wirst du so ärgerlich? Wenn du wirklich demütig sein willst, lerne mannhaft die Dinge zu tragen, die von anderen an dich herangetragen werden, und gieße keine unheilvollen Worte über dich selbst aus." Diese Worte gingen dem Bruder zu Herzen, und er ging mit großem Gewinn von dannen.

In der Wüste lebte ein Mönch, der in seiner Praxis nachlässig geworden und allmählich so sehr seinen schlechten Gewohnheiten unterlegen war, daß es ihm, wie er es auch anstellte, nicht gelang, einen wirklichen Neuanfang zu machen. Schließlich begab er sich verzweifelt zu einem Altvater, der in der Nähe lebte, und erzählte ihm, wie es um ihn bestellt war. Der Altvater hörte ihm aufmerksam zu und erwiderte dann: „Ich habe einmal folgende Geschichte gehört: Ein Mann ließ ein Stück Ackerland eine Weile lang brachliegen. Als er es wieder nutzen wollte, war es von Disteln und dornigem Gestrüpp überwuchert. Und so schickte er am nächsten Tag seinen Sohn, um den Acker zu jäten. Wie der Sohn sah, in welchem Zustand der Acker war, verlor er den Mut und sagte sich: ‚Wie soll ich bloß jemals all dies Unkraut ausreißen und fortschaffen können.' Und so legte er sich einfach in den Schatten eines Baumes und schlief. Eine Weile später kam der Vater vorbei und wollte schauen, wie der Sohn mit der Arbeit vorankam.

Als er ihn müßig unter dem Baum liegen sah, fragte er ihn: ‚Warum hast du noch nicht mit der Arbeit begonnen?‘ Der Sohn antwortete: ‚Als ich sah, in welch verwildertem Zustand der Acker ist, verlor ich den Mut und legte mich schlafen.‘ Der Vater hatte einen weisen Verstand und sagte: ‚Wenn du täglich nur soviel Land urbar machst, wie von deinem Körper im Liegen abgedeckt wird, so wirst du nicht verzagt sein und allmählich mit der Arbeit vorankommen.‘ Dem Sohn gefiel der Vorschlag des Vaters. Er machte sich sogleich an die Arbeit, und in wenigen Tagen war der ganze Acker gejätet und urbar gemacht.

Höre Bruder, wenn du genauso verfährst und täglich nur ein kleines Stück vom Acker deiner schlechten Gewohnheiten jätest, wirst du bald deinen Geist gereinigt haben und wieder frohen Herzens Gott dienen können.“

Es war einmal ein Fisch ins Kloster gebracht worden. Der Koch bereitete ihn zu und servierte ihn dem Verwalter des Klosters. Dieser war aber gerade mit einer Erledigung beschäftigt. Er ließ den Fisch in seiner Zelle in einem Gefäß auf dem Boden stehen und befahl einem kleinen Schüler des Vater Gelasios, während seiner Abwesenheit darauf achtzugeben. Den Jungen erfaßte die Begierde, und so machte er sich einfach daran, den Fisch zu verzehren. Als der Verwalter zurückkam und ihn den Fisch essen sah, wurde er so wütend, daß er dem auf dem Boden Sitzenden einen unbeherrschten Tritt mit dem Fuß versetzte. Er traf ihn an einer tödlichen Stelle, der Junge wurde bewußtlos und starb kurz darauf.

Von Furcht ergriffen legte der Verwalter den Toten

auf seine eigene Matte, bedeckte ihn und ging zum Vater Gelasios, fiel ihm zu Füßen und erzählte ihm, was geschehen war. Der befahl ihm, niemandem etwas zu sagen, sondern den Jungen, nachdem alle zur Ruhe gegangen waren, in die Diakonie vor den Altar zu legen und dann fortzugehen. Vater Gelasios verharrte dort im Gebet, und zur Stunde des nächtlichen Psalmengebetes kam er in Begleitung seines kleinen Schülers heraus. Bis zu seinem Tode wußten niemand außer ihm und dem Verwalter um das Vorgefallene.

Einer der Väter war krank und konnte viele Tage lang keine Nahrung anrühren. Doch einer von seinen Schülern wollte ihm Gutes tun und sagte zu ihm: „Wenn du mich läßt, mein Vater, werde ich dir einen kleinen Kuchen machen." Der alte Mann nickte zustimmend. So knetete der Schüler den Kuchenteig, doch nahm er dabei aus Versehen Leinöl, das in einem gleich aussehenden Gefäß neben dem Honig gestanden war. Und er merkte nichts davon und dachte, es wäre der Honig gewesen. Der alte Mann aß den Kuchen stillschweigend auf, da er seinem Schüler nicht die Freude nehmen wollte. Doch als dieser ihm zum dritten Mal ein Küchlein anbot, sagte er: „Ich kann nicht mehr essen, mein Sohn." Der junge Mann aber wollte ihn beschwatzen und sagte: „Schau Vater, dies sind gute Küchlein, und ich esse selber einige davon." Und wie er zu essen begann, merkte er, was ihm unterlaufen war, und er fiel auf sein Angesicht: „Weh mir, Vater, denn ich habe dich getötet. Warum hast du mir kein Wort gesagt?" Der alte Mann antwortete ihm: „Bekümmere dich deswegen nicht, mein Sohn, denn hätte Gott gewollt, daß ich einen guten Kuchen esse, so hättest du gewiß den Honig genommen und nicht das, was du hineingetan hast."

Drei Brüder besuchten einen Vater in Skete. Der eine sagte: „Vater, ich habe das Alte und Neue Testament auswendig gelernt." Und der alte Mann antwortete: „Du hast die Luft mit Worten gefüllt." Der zweite sagte: „Ich habe das Alte und Neue Testament mit eigener Hand abgeschrieben." Der Vater antwortete: „Du hast die Fenster mit Manuskripten gefüllt." Der dritte sagte: „Auf meinem Herd wächst das Gras." Und der Greis antwortete: „Du hast die Gastfreundschaft von dir verjagt."

Ein Bruder, der gerade der Welt entsagt und das Mönchsgewand genommen hatte, schloß sich sogleich in seiner Hütte ein, indem er sagte: „Ich habe vor, ein Einsiedler zu sein." Als jedoch die älteren Männer in der Nachbarschaft davon hörten, kamen sie zu ihm, holten ihn heraus und ließen ihn von Zelle zu Zelle ziehen und zu jedem Bruder sagen: „Vergib mir, denn ich bin kein Einsiedler, sondern bin gerade erst am Beginn meines Versuches, ein Mönch zu sein." Dies taten sie gemäß der weisen Rede der Väter, die sagt: „Wenn du einen jungen Menschen siehst, der mit seinem eigenen Willen zum Himmel aufsteigen will, so ziehe ihn an den Füßen herunter und wirf ihn auf die Erde, denn es ist nicht ratsam für ihn."

Ein Mönch besuchte einen Ort in der Wüste, wo viele Brüder in getrennt stehenden Zellen beisammen lebten. Da sich zu der Zeit keine Zelle fand, in der er hätte leben können, sagte ihm ein alter Mann, der eine zweite leerstehende Hütte besaß: „Bleibe vorübergehend in dieser Zelle, bis du eine findest, wo du wohnen kannst." Der Mönch ließ sich dort nieder, und da er die spirituelle Gabe besaß, über das Wort Gottes zu lehren, besuchten ihn bald viele Brüder, um von ihm Worte über das ewige Leben zu hören.

Wie der alte Mann dies sah, wurde er neidisch und eifersüchtig, denn zu ihm waren die Brüder in den langen Jahren höchst selten gekommen. Und er sagte zu seinem Schüler: „Geh zu ihm und richte ihm aus, daß er die Zelle verlassen soll, denn ich brauche sie." Der Schüler begab sich zu dem Bruder, sagte ihm aber: „Mein geistiger Vater hat mich gesandt, um nachzuschauen wie es dir geht, da er gehört hat, daß du krank bist." Der Mönch bedankte sich herzlich für die Anteilnahme und ließ dem alten Mann ausrichten: „Bete für mich, mein Vater, denn ich habe tatsächlich schlimme Magenschmerzen." Der Schüler hingegen sagte ihm: „Er bittet dich, ihm noch zwei Tage zu gewähren, damit er eine andere Zelle finden kann." Nach drei Tagen schickte der Greis den Schüler wieder los: „Sag ihm, daß er jetzt gehen muß und ich ihn sogleich mit meinem Stab aus der Zelle prügeln werde, wenn er es noch einmal hinausschiebt." Der Schüler aber sagte dem Mönch: „Mein geistiger Vater sorgt sich sehr um deine Gesundheit und läßt durch mich fragen, ob es dir inzwischen besser geht." Der Bruder erwiderte: „Dank der Fürsorge Gottes und eurer Gebete und liebenden Anteilnahme bin ich wieder gesund." Dem Vater sagte der Schüler dagegen: „Jetzt bittet er darum, noch bis Sonntag bleiben zu können, und dann wird er gehen." Als der Mönch am Sonntag aber noch immer die Zelle nicht verlassen hatte, nahm der Alte seinen Stab und rannte voller Wut los, um ihn mit Schlägen daraus zu vertreiben. Der Schüler jedoch sagte zu dem Vater: „Wenn es dir recht ist, laufe ich schnell voraus und schaue nach, ob nicht gerade einige Brüder bei ihm versammelt sind, denn wenn sie dich so sehen, könnten sie schockiert sein." Und er lief zu dem Bruder und sagte ihm: „Mein Vater kommt zu dir. Gehe ihm dankbar entgegen, da ihn seine große Liebe und Güte bewegt hat, dich hier zu besuchen." Der Bruder erhob sich sogleich und ging erfreut nach draußen. Wie er den alten Mann herbeieilen sah, warf er sich ehrerbietig zu Boden und sagte dankbar: „Gott möge es dir vergelten, lieber Vater, daß du mir diese Zelle leihst. Möge Christus, der Herr, dir hernach eine herrliche Wohnung unter den Heiligen im himmlischen Jerusalem bereiten." Diese Worte trafen den alten Mann ins Herz. Er ließ den Stab zu Boden fallen, umarmte und küßte den Bruder und lud ihn zu sich in die Zelle ein, wo sie gemeinsam Dank sprachen und aßen.

Später rief der Vater seinen Schüler zu sich und fragte ihn: „Sag an, hast du dem Bruder wirklich die Dinge gesagt, die ich dir aufgetragen hatte?" Der Schüler gestand: „Aufgrund der Demut und des Gehorsams, die ich dir als meinem geistigen Vater schulde, habe ich dir nicht widersprochen und bin ich zu dem Bruder gegangen, doch habe ich in Wahrheit nichts von dem erzählt, was du mir aufgetragen hast." Wie er dies hörte, fiel der alte Mann ihm zu Füßen: „Von heute an bist du mein geistiger Vater und ich dein Schüler, denn durch deine heilige Fürsorge und Wachsamkeit hast du mich und den Bruder vor größerer Sünde bewahrt."

Ein wohlhabender russischer Bauer kam eines Tages ins Kloster, um den berühmten Abt Sergius zu sehen. Die Mönche, die er fragte, gaben ihm zur Antwort: „Er ist dort drüben hinterm Zaun und gräbt die Erde. Warte ein wenig, bis er herauskommt." Der Bauer aber konnte es nicht abwarten, sondern ging zum Zaun und spähte hinüber. Als er nur einen älteren Mönch in einfacher zerschlissener Kutte sah, dachte er, die Mönche hätten ihn zum Narren gehalten. Doch als dann Sergius von der Arbeit zurückkam, zeigten die Mönche wiederum auf den Mann und sagten: „Das ist er." Da lachte der Bauer höhnisch: „Ich bin gekommen, um den höchsten Abt und Heiligen des Klosters zu sehen. Haltet mich nicht für einen Dummkopf." Und trotz der Beteuerungen der Mönche glaubte er ihnen nicht. Der Vater Sergius hatte von weitem die Auseinandersetzung mitbekommen und kam herbei. Die Mönche erklärten ihm, was vorgefallen war und fragten ihn: „Sollen wir den Uneinsichtigen aus dem Kloster schicken?" Doch der Abt antwortete: „Ich sehe keinen Fehl an ihm. Er hat die weite Reise auf sich genommen, um mich zu sehen. Ich werde zu ihm gehen und mit ihm reden." Der Bauer stand währenddessen betrübt abseits und dachte: „Jetzt bin ich, um den höchsten Abt Sergius zu sehen, von so weit hierhergereist, und mein Wunsch scheint nicht erfüllt zu werden." Sergius, der sein trauriges Gesicht sah, umarmte ihn, segnete ihn und sagte: „Sei nicht traurig. Solcher Art ist Gottes Gnade hier, daß niemand betrübt von hier fort geht. Das, wonach du dich sehnst und was du suchst, das wird dir Gott sogleich nach deinem Wunsche geben."

Wie es der Zufall will, kam gerade zu diesem Zeitpunkt der Fürst der Gegend mit einer Schar von Kriegern und Dienern ins Kloster und verbeugte sich schon von weitem vor dem einfachen alten Mann, mit dem der Bauer zusammenstand. Da dämmerte es diesem allmählich, daß der große Abt Sergius selber zu ihm gekommen war, und er entschuldigte sich bei dem bescheidenen Vater für seine Uneinsichtigkeit.

Der Bauer kehrte bald darauf in sein Heimatdorf zurück. Einige Jahre später jedoch kam er ins Kloster und bat den Abt Sergius, Mönch werden zu dürfen. Der gütige Vater gab ihm daraufhin die Mönchsweihe, und so wurde aus dem wohlhabenden Bauer ein einfacher Mönch, der bis an sein Lebensende im Kloster blieb.

HINDUISMUS

Wer sich nach der Wirklichkeit des Atman sehnt und die genannten Eigenschaften besitzt, sollte einen erleuchteten Lehrer suchen, der ihm den Weg zur Befreiung von allen Fesseln weisen kann.

Der Lehrer ist in den Schriften bewandert, lauter, frei von Begierden, und hat Brahman vollkommen erkannt. Unverwandt in Brahman versunken, ist er ruhig wie die Flamme, deren Öl aufgebraucht ist. Er ist ein Meer jener Liebe, die keinen Beweggrund sucht, ein Freund aller Guten, die demütig ihm vertrauen.

Der Suchende sollte sich mit ehrfürchtiger Hingabe dem Meister nahen. Hat er sein Wohlgefallen durch Demut, Liebe und Dienstbereitschaft erlangt, dann kann er ihn nach allem fragen, was über den Atman auszusagen ist.

(...)

Es gibt reine Seelen, die Frieden und Stärke gefunden haben. Wie der Frühling bringen sie der Menschheit Gutes. Sie haben das furchtbare Meer der Welt überquert und helfen ohne irgendein selbstsüchtiges Motiv anderen, es zu überqueren.

Es ist das Wesen dieser großen Seelen, aus eigenem Antrieb anderen helfen zu wollen, so wie der Mond von selbst der Erde Kühlung gibt, wenn sie von den brennenden Strahlen der Sonne versengt worden ist.

Shankara

Oh weiser Arjuna, seit unendlicher Zeit schläft die Seele in Unwissenheit und ist in vielerlei Träumen gefangen. Schlägt jedoch die Hand der Gnade des Guru ihren Kopf und hört sie die große Wahrheit *Das bist Du*, so erwacht sie sogleich aus ihrem Schlaf der Illusion und aus ihrem kosmischen Traum und wird sich der Freude der Einheit mit dem Selbst bewußt.

Jnaneshwar

Jedes Haus hat ein Licht, und in gleicher Weise gibt es viele Gurus, doch selten ist der Guru, der wie die Sonne allen Licht gibt.

Kulanarva Tantra

Nur durch den Segen eines wahren Meisters, sagt man im Hinduismus, kann man sich selbst erkennen. Ein wahrer Meister ist jemand, der sein Ich eingeschmolzen hat und mit seiner göttlichen Natur einsgeworden ist. Er hat den schrecklichen Ozean der weltlichen Leiden überquert und hilft den Suchenden, ohne Vorteil oder Gewinn für sich zu erstreben, das Ufer der Befreiung zu erreichen. Der Schüler, der sich solch einem Meister vertrauensvoll anschließt, wird unzweifelhaft gerettet werden, wenn er den Ratschlägen des Lehrers folgt und unerschütterlich auf dem ihm gewiesenen Weg bleibt. Wie ein Elefant aufwacht, wenn er im Traum einen Löwen erblickt, so erwacht der Schüler durch die Begegnung mit dem Meister aus dem Schlaf der Unwissenheit. Ihm wird klargemacht, daß er durch die Suche im Außen und der ständigen Beschäftigung mit den Sinnesobjekten von seiner wahren Natur abgelenkt und von Freud und Leid hin und her gerissen wird. Der Meister lehrt ihn, wie er in seiner wahren

*Natur ruhen und so aus sich heraus erkennen kann,
daß Gott, den er für weit entfernt und getrennt von
sich hielt, ihm nahe und nicht verschieden von ihm
ist.*

Es lebte einmal ein Yogi, der sehr stolz auf seine durch Yoga erlangten außergewöhnlichen Kräfte war. Er lebte ein asketisches Leben und war eigentlich im Grunde ein guter Mensch. Und so erschien ihm eines Tages Gott selber in der Gestalt eines Heiligen und sagte zu ihm: „Verehrter Herr, ich habe gehört, daß Ihr große Wunderkräfte besitzt." Der gute Mann empfing ihn freundlich und bot ihm einen Sitzplatz an. Und als sie so saßen, kam ein Elefant herbeigelaufen. Der Heilige fragte den Yogi: „Könnt Ihr, wenn Ihr wollt, den Elefanten töten?" Der Yogi antwortete: „Ja, dies ist möglich." Und er nahm eine Handvoll Staub, sprach einige Mantras darauf und warf ihn auf den Elefanten. Das Tier brach stöhnend zusammen und starb. Als der Heilige dies sah, rief er aus: „Welch wunderbare Kräfte besitzt Ihr doch. Ihr habt dieses große Tier in einem Augenblick getötet. Habt Ihr aber auch die Kraft, es wieder zum Leben zu erwecken?" Der Yogi antwortete: „Ja, auch das ist möglich." Und er nahm eine Handvoll Staub, sprach einige Mantras darauf und warf ihn auf den Elefanten. Dieser erwachte sogleich wieder zum Leben, stand auf, als wenn nichts gewesen wäre und ging seines Weges. Der Heilige rief bewundernd: „Wie wundervoll sind Eure Kräfte. Doch möchte ich Euch eines fragen: Ihr habt diesen Elefanten getötet und wieder zum Leben erweckt, aber was habt Ihr dabei gewonnen? Habt Ihr dadurch Gottverwirklichung erlangt? Gott kann nicht verwirklicht werden, solange noch der geringste Wunsch nach Wunderkräften und Macht im Herzen zurückbleibt." Mit diesen Worten verschwand der Heilige, und der Yogi erkannte, daß Gott selbst ihm eine Lehre erteilt hatte.

Eines Tages bat der Schüler Adbanganath seinen Meister Gahininath um Unterweisung. Der Meister sagte: „Es ist gut, ich werde dir Unterweisung geben. Warte solange hier auf mich." Und er begab sich danach auf eine Pilgerreise. Adbanganath dachte, daß der Meister jeden Tag wiederkommen würde, und wartete geduldig. Aber Monate und Jahre vergingen. Nach zwölf Jahren schließlich kam der Meister zurück und fand seinen Schüler genau an demselben Platz vor, an dem er ihn verlassen hatte. Still sitzend und geduldig wartend hatte dieser in den zwölf Jahren alles erlangt, und als sein Lehrer zurückkam, stand er auf.

Ein alter Weiser ging mit seinen Schülern durch eine belebte Straße. Dabei trat er aus Versehen einem Mann auf die Füße. Dieser Mann wurde so böse und schlug ihn so heftig, daß er bewußtlos zu Boden fiel. Seine Schüler taten ihr Bestes, um ihn wieder zu Bewußtsein zu bringen. Als der Weise die Augen aufschlug, fragte ihn einer der Schüler besorgt: „Meister, erkennt Ihr den, der Euch jetzt pflegt?" Und der Meister antwortete: „Ja, es ist derselbe, der mich niedergeschlagen hat." Ein wahrer Meister macht keinen Unterschied zwischen Freund und Feind, denn er sieht, daß derselbe Geist in allen ist.

In einem Feld in der Nähe eines Dorfes lebte eine große, gefährliche Giftschlange, vor der sich alle Dorfbewohner fürchteten, und keiner der Hirtenjungen traute sich auch nur in die Nähe ihres Lochs. Eines Tages kam ein weiser alter Mann des Weges, und die Hirtenjungen warnten ihn vor der Schlange. Doch der Weise antwortete: „Meine Kinder, ich habe keine Angst. Ich kenne Mantras, die mich vor allen Gefahren beschützen." Und er ging seines Weges. Die Schlange sah ihn und griff ihn an. Doch der Weise sang sein Mantra, und sie fiel hilflos zu seinen Füßen. „Warum bist du immer darauf aus, anderen Wesen Böses zu tun?" sagte er. „Ich will dir den Namen Gottes als Mantra geben. Wenn du diesen Namen immer wiederholst, wirst du lernen, Gott zu lieben, und dein Verlangen, anderen zu schaden, wird sich von selber auflösen." Er gab ihr den heiligen Namen und versprach ihr, daß er später wiederkommen würde.

Nun begann die Schlange den heiligen Namen zu wiederholen und statt von Lebewesen von Blättern und Gräsern zu leben. Die Hirtenjungen, die in der Nähe die Kühe hüteten, merkten, daß in ihr ein Wandel vor sich gegangen war. Sie warfen Steine nach ihr, und sie drohte nicht einmal zurück. Sie schien schwach und verteidigungslos geworden zu sein. Und so rückten die Jungen von Tag zu Tag näher. Schließlich packte sie einer am Schwanz, drehte sie in der Luft um und um und schlug sie mehrere Male auf den Boden. Die Schlange erbrach Blut und wurde bewußtlos. Die Hirtenjungen dachten, daß sie tot sei und ließen sie liegen. In der Nacht kam sie wieder zu sich und verkroch sich mit Mühe in ihr Loch. Sie war so krank, daß sie tagelang nicht herauskommen konnte, um Futter zu suchen. Sie magerte zu einem Skelett ab und kam aus Furcht nur noch des Nachts heraus, um Gräser und Blätter zu fressen.

Eines Tages kam der Weise wieder in die Gegend und suchte nach der Schlange, aber er konnte sie nicht finden. So fragte er bei den Hirtenjungen nach ihr, und die gaben ihm zur Antwort, daß sie schon lange tot wäre. Doch die Intuition sagte ihm, daß sie noch leben müsse. Und so ging er zurück zu dem Platz, wo er sie getroffen hatte und rief mit lauter Stimme nach ihr. Schließlich erkannte die Schlange die Stimme ihres Meisters, kam heraus und verneigte sich vor ihm. Als dieser sah, in welch schlechter Verfassung sie war, fragte er sie: „Wie kommt es, daß du zu einem Skelett abgemagert bist?" Und die Schlange erzählte ihm, wie es ihr ergangen war. Der Weise sagte zu ihr: „Warum hast du nicht gezischelt und deine Giftzähne gezeigt, um sie von dir fernzuhalten. Ich habe dir nur verboten, die Geschöpfe Gottes zu verletzen und zu töten. Zeige von nun an deine Giftzähne, damit deine Feinde dich in Ruhe lassen."

Ein einfacher Mann kam zu einem Meister und bat ihn demütig um Unterweisung. Der Meister gab ihm den Rat: „Liebe Gott von ganzem Herzen." Der Mann erwiderte: „Ich habe Gott noch nie gesehen und weiß auch nichts über ihn. Wie kann ich ihn da von ganzem Herzen lieben?" „Wen liebst du am meisten?" fragte ihn darauf der Weise, und der Mann antwortete: „Ich lebe allein und besitze nur ein Schaf. Es ist das einzige Geschöpf, das mir nahesteht." „Nun, dann hüte dieses Schaf, liebe es von ganzem Herzen und denke dabei immer daran, daß Gott in ihm wohnt."

Der Mann ging zufrieden heim und tat, was der Meister ihm geraten hatte, und wurde glücklich damit. Nach langer Zeit kam der Weise bei ihm vorbei und erkundigte sich, wie es ihm ginge. Der Mann verbeugte sich und sagte: „Meister, dank Eurer gütigen Unterweisung geht es mir gut. Viel Gutes ist mir widerfahren, indem ich dem, was Ihr mir geraten habt, gefolgt bin. Von Zeit zu Zeit sehe ich eine wundervolle Gestalt mit vier Händen in meinem Schaf, und ich finde darin höchste Glückseligkeit."

In einer Stadt in Indien lebte einst ein Heiliger mit Namen Nana Aulia, der den ganzen Tag einfach auf der Straße herumlag. Die Bewohner störten sich nicht daran, da sie alle wußten, daß er ein großer Meister war. Eines Tages jedoch kam der Gouverneur des Landes mit einer Kutsche in die Stadt, und der Heilige lag in einem Zustand der Entrückung auf der Straße. Der Gouverneur empörte sich, daß jemand ihm die Straße versperrte, und sagte zu seinem Kutscher: „Sag diesem Penner, daß er von der Straße verschwinden soll." Doch der Kutscher erwiderte: „Dies ist ein heiliger Mann, wir sollten ihn nicht stören." Da sprang der wutentbrannte Gouverneur aus der Kutsche, schüttelte den Heiligen und schrie: „Steh auf und verschwinde von der Straße!" Der Heilige stand auf und gab dem Gouverneur eine kräftige Ohrfeige. Dadurch wurde sein Geist augenblicklich angehalten, und sein Leben kam an einen Wendepunkt. Er gab seine Stellung auf, begab sich auf den spirituellen Weg und wurde später ein großer Heiliger.

Es war einmal ein Yogi namens Namdev, der so intensiv praktizierte, daß das formlose und attributlose höchste Wesen ihm zuliebe Gestalt annahm, ihm als

107

persönliches Wesen erschien und ihn mit Liebe behandelte. Da der höchste Herr sein Gefährte geworden war, wurde Namdev von Stolz ergriffen.

Zu Lebzeiten Namdevs nun lebten viele große Heilige, die sich jährlich einmal an einem besonders heiligen Tag zu Gebeten und religiösen Gesprächen trafen. Das Kennzeichen all dieser heiligen Männer und Frauen war, daß sie Haushälter waren und größtenteils den unteren Schichten des Volkes angehörten. Es gab unter ihnen Schuster, Bauern, Hausmädchen, Töpfer, Barbiere und Straßenfeger. Der Herr, der den Stolz Namdevs erkannt hatte, schlug ihm vor, zu ihrem Treffen zu gehen, und sagte ihm: „Für alle dort Versammelten könnte solch ein großer Yogi wie du eine große Inspiration sein." Namdev war sogleich einverstanden, und er malte sich in seinem Geiste aus, wie alle dort versammelten Heiligen ihn, der vom Herrn selbst geschickt worden war, mit der größten Ehrerbietung begrüßen würden. Doch als Namdev ankam, nahm überhaupt keiner Notiz von ihm. Er fühlte sich auf einmal sehr klein und setzte sich unbemerkt in einer Ecke nieder. Namdev erkannte nicht, daß der Herr in jedem dieser Heiligen in unterschiedlicher Gestalt anwesend war. Für ihn war der Herr auf eine einzige Gestalt, in der er ihm erschien, begrenzt. Doch all diese Heiligen hatten echte Gottverwirklichung. Für sie hatte der Herr zahllose Formen, er war alldurchdringend.

Der älteste unter den Heiligen war der Töpfer Gora, und der hatte einen Neffen, der unmittelbar in die Herzen der Menschen schauen konnte. Dieser Neffe hatte Namdev wahrgenommen, und er ging zu Gora und sagte: „Onkel, hier ist ein neuer Topf, schlage ihn einmal, um zu sehen, ob er schon ganz gebrannt ist oder nicht." Gora klopfte Namdev auf den Kopf. Dieser fühlte sich beleidigt und rief wütend: „Was fällt euch ein, für wen haltet ihr mich. Ich bin ein Yogi, dem täglich der Herr erscheint, und er ist wie ein guter Gefährte zu mir. Was fällt euch ein, mich so zu behandeln?" Gora sagte darauf: „Dieser Topf ist noch nicht gebrannt. Er ist noch nicht im Feuer gewesen. Wer ist dein Meister?" Namdev erwiderte: „Was brauche ich einen Meister, der Herr ist mein ständiger Begleiter." Da wiesen ihn die Heiligen aus dem Tempel. Namdev fühlte sich völlig erniedrigt und ging gesenkten Kopfes heim.

Als er wieder in seiner Hütte war, kam der Herr und fragte ihn, wie es ihm ergangen sei. Und Namdev erzählte ihm, was sich ereignet hatte. Und er schloß: „Diese sogenannten Heiligen haben nichts Besonderes an sich, sonst hätten sie nicht mich, dem du täglich erscheinst, einen ungebrannten Topf genannt." Der Herr antwortete: „Diese Männer und Frauen sind allesamt große Verwirklichte, und sie haben dir die Wahrheit gesagt." Namdev fragte erstaunt: „Hältst du mich denn auch für einen ungebrannten Topf, Herr?" „Ja, du bist noch nicht im Feuer der Weisheit gebrannt worden, und du solltest einen Meister aufsuchen, bei dem du in die Lehre gehst." „Aber Herr, du bist doch mein Freund und täglicher Gefährte, etwas Besseres gibt es doch nicht", entgegnete Namdev. Der Herr antwortete: „Ich bin der Freund aller Wesen, ich lebe im Herzen eines jeden. Deine Freundschaft mit mir ist nichts Besonderes. Doch jemand, der keinen Meister hat, der wird nirgendwo respektiert. Suche dir einen Meister." „Aber wen soll ich mir als Meister nehmen?" Der Herr sagte: „Gehe zu

Vishoba, er ist ein sehr großer Verwirklichter." Und er nannte ihm den Namen der Stadt, wo er diesen Meister finden könnte.

Also begab sich Namdev zu dieser Stadt und fragte die Leute, wo der Meister Vishoba lebe. Schließlich schickte ihn jemand zu einem Tempel der Gottheit Shiva. Als er den Tempel betrat, fand er einen alten, merkwürdig aussehenden Mann, der schnarchend am Boden lag und seine Füße auf das Shivalingam, das höchste Verehrungssymbol für die Gottheit Shiva, gelegt hatte. Namdev dachte: „Dies kann nicht der Meister sein. Doch will ich diesen Menschen wecken und ihm sein ungebührliches Verhalten vor Augen halten." Er klatschte mit den Händen und rief laut: „Wer schnarcht hier im Tempel Shivas?" Der alte Mann machte die Augen auf und fragte, als er Namdev sah: „Was bringt dich hierher?" „Das sage ich dir später, nimm erst einmal die Füße vom Kopf des Herrn." Der alte Mann antwortete: „Ich bin so alt und schwach, daß ich nicht einmal mehr meine Füße bewegen kann. Ich wäre dir sehr dankbar, wenn du sie nimmst und an eine andere Stelle legst." Namdev nahm sogleich die Füße und legte sie auf den Boden. Doch kaum berührten die Füße des Alten den Boden, erschien wieder ein Lingam unter ihnen. Namdev staunte, nahm aber geschwind die Füße ein zweites Mal und legte sie beiseite, und kaum hatten die Füße den Boden berührt, erschien wiederum ein Lingam unter ihnen. Er versuchte es noch ein drittes Mal, und es geschah wieder das gleiche.

Da erkannte Namdev, daß dieser alte Mann der große Verwirklichte Vishoba war. Er verbeugte sich vor ihm und sagte: „Ich bin Namdev, und der Herr hat mich zu Euch gesandt, damit ich Euer Schüler werde. Bitte unterweist mich." Der Meister antwortete: „Namdev, du solltest nicht der Täuschung unterliegen, daß es Gott hier gibt, aber nicht dort, daß Gott auf der einen Seite existiert und das Universum auf der anderen Seite, daß es das Gute in diesem Winkel und das Böse in jenem Winkel gibt. Gott ist überall. Der Herr selbst hat dieses vielgestaltige Universum gemacht, niemand außer Gott könnte sich jemals als solch ein unermeßliches, vielgestaltiges Universum manifestieren. Befreie dich von aller Dualität und erkenne, daß es nur dies eine alldurchdringende höchste Wesen gibt. Wenn du dies erkennst, so hast du echte Verwirklichung erlangt und alle Unterscheidung zwischen Gefangensein und Befreiung überschritten." Als Namdev diese Worte hörte, erlangte er die Erleuchtung.

Später, als er in seine Heimat zurückgekehrt war, begab er sich wieder zu dem Treffen der Heiligen. Diesmal wurde er von allen herzlich begrüßt. Sie sagten ihm: „Ja, jetzt hast du einen Meister gefunden und bist wirklich im Feuer der Weisheit gebrannt worden. Jemand, der den Herrn nur außerhalb seiner selbst und nicht in seinem eigenen Herzen sieht, gleicht jemandem, der nur das Universum und nicht Gott sieht. Wenn so einer eine Vision des Herrn hat, so bedeutet das gar nichts."

Ein Yogi war von seinem Meister angewiesen worden, in Einsamkeit zu meditieren, und so baute er sich abseits eines kleinen Dorfes eine mit Blättern gedeckte Hütte. Am Morgen vollzog er die rituelle Waschung und hing anschließend das Lendentuch und den Lappen, den er darunter trug, zum Trocknen in einen Baum. Dann ging er ins Dorf, um sich sein tägliches Essen zu erbetteln. Als er jedoch zurückkam, fand er, daß die Ratten große Löcher in die Tücher gefressen hatten. Und so war er genötigt, am nächsten Tag im Dorf neue Tücher zu erbetteln. Einige Tage später legte er die Tücher zum Trocknen aufs Dach, damit die Ratten sie nicht erreichen konnten. Doch als er von der Bettelrunde zurückkam, fand er zu seinem großen Ärger, daß sie wiederum große Löcher hineingefressen hatten. Er dachte bei sich: „Wen soll ich denn jetzt um neue Tücher bitten?" Als er am nächsten Tag ins Dorf kam und den Dorfbewohnern sein Mißgeschick erklärte, antworteten diese ihm: „Wer will dich jeden Tag mit neuen Tüchern versorgen? Halte einfach eine Katze, das wird die Ratten fernhalten." Und so nahm der Yogi eine Katze mit heim. Von dem Tag an störten ihn zu seiner großen Freude die Ratten nicht mehr. Er liebte die Katze sehr und fütterte sie mit der erbettelten Milch.

Eines Tages jedoch sagte ein Dorfbewohner zu ihm: „Du bittest jeden Tag um Milch, wo du doch dich allein durchs Betteln mehrere Tage lang versorgen könntest. Wer will dich das ganze Jahr über mit Milch versorgen? Tue eines, halte eine Kuh, und du wirst dich selbst und die Katze mit ihrer Milch ernähren können." Wenige Tage später fand sich der Yogi im Besitz einer Kuh, und von da an mußte er keine Milch mehr erbetteln. Aber es stellte sich heraus, daß die Kuh Stroh brauchte, und so begann er, im Dorf um Stroh zu bitten. Doch wiederum gaben die Dorfbewohner den Rat: „Wie willst du ständig Stroh für deine Kuh erbetteln? Beackere einfach das Land bei deiner Hütte, und du wirst nicht mehr um

Stroh betteln müssen." Der Yogi tat, wie es ihm geraten worden war. Das Korn wuchs besser, als er erwartet hatte, und er mußte Arbeiter für die Ernte einstellen und Scheunen für die Lagerung bauen. Und so war er nun vollends zu einem ständig beschäftigten Haushälter geworden.

Eines Tages kam der Meister vorbei, um zu schauen, wie es seinem Schüler bei der Meditation erginge. Als er die Hütte von Ackerland und Scheunen umgeben sah und Leute bei der Arbeit vorfand, war er sehr verwundert. Er fragte einen der Arbeiter: „Hier lebte früher ein Yogi, kannst du mir sagen, wohin er gegangen ist?" Doch der wußte keine Antwort. So betrat der Meister die Hütte. Dort traf er seinen Schüler, und er fragte ihn: „Mein Sohn, was bedeutet all dies?" Der fiel ihm vor Scham zu Füßen: „Meister, all dies hier entstand um zweier Tücher willen." Und er erzählte ihm, wie sich alles zugetragen hatte. Beim Anblick seines Meisters war seine ganze weltliche Verstrickung von ihm abgefallen, und er folgte ihm augenblicklich, ohne auch nur einen weiteren Blick auf seine angesammelten Güter zu werfen.

Kabir war Weber und gehörte der Kaste der Unberührbaren an, denen es nicht erlaubt war, mit Mitgliedern einer höheren Kaste näheren Kontakt zu haben. Kabir empfand tiefe Verehrung für den Meister Ramananda, der ein großer Verwirklichter war. Da Ramananda der Brahmanenkaste angehörte, war es Kabir nicht möglich, auf gewöhnlichem Wege sein Schüler zu werden und die Übertragung seines Mantras zu erhalten. Deshalb dachte er sich eine List aus. Er wußte, daß Ramananda jeden Tag gegen drei Uhr morgens einen Spaziergang machte. Und so grub er ein Loch in den Weg, den der Meister immer nahm, hockte sich hinein und deckte sich mit Erde zu. Ramananda trug Holzsandalen, wenn er ausging, und als er auf Kabirs Kopf trat, schrie dieser vor Schmerz laut auf. Ramanda erschrak sich und sagte laut sein Mantra: „Shri Ram, Shri Ram." Dann fragte er: „Wer ist dort?" Kabir antwortete: „Ich bin es nur, ein armer Unberührbarer." Und mit diesen Worten lief er fort. Unterwegs wiederholte er überglücklich „Shri Ram, Shri Ram", denn das war das Mantra, was der Guru laut gesagt und ihm somit übertragen hatte. Er wiederholte dieses Mantra von da an unentwegt und erlangte selber Verwirklichung. Er wurde ein großer Meister, und viele Schüler versammelten sich um ihn. Am Ende eines Treffens ließ er immer alle Anwesenden als Zeichen der Verehrung laut den Namen seines Meisters sagen.

Dies sprach sich herum, und einige Leute gingen zu Ramananda und beklagten sich darüber, daß er einem Unberührbaren sein Mantra gegeben habe. Ramananda jedoch erwiderte: „Davon weiß ich nichts." Doch Kabir sagte, als er gefragt wurde: „Ja, mein Meister ist Ramananda, und ich habe mein Mantra von ihm erhalten." Schließlich wurde ein Treffen organisiert, zu dem Ramananda und Kabir eingeladen wurden. Ramananda sagte zu Kabir: „Sage mir ehrlich, wer dein Meister ist und von wem du dein Mantra erhalten hast. Die Leute lassen mir keine Ruhe mehr, sie sagen, daß du dein Mantra von mir erhalten hast." Kabir antwortete: „Was sie sagen ist wahr, ich habe mein Mantra von Euch erhalten. Ihr selbst habt es mir eines frühen Morgens während Eures Spaziergangs übertragen." Ramananda, der sich an nichts erinnern konnte, war außer sich und begann zu rufen: „Shri Ram, Shri Ram, Shri Ram." Dabei nahm er seine Holzsandale und sagte: „Du Lügenbold, ich habe dir nie das Mantra gegeben." Und er schlug Kabir mit der Sandale auf den Kopf. Kabir jedoch nahm es lachend hin und sagte zu den Anwesenden: „Seht, in eurer Anwesenheit hat er mir die Übertragung gegeben. Er hat laut ‚Shri Ram' gerufen und mich mit seiner Holzsandale geschlagen. Wenn er bisher noch nicht mein Meister war, dann ist er es von jetzt ab ohne jeden Zweifel." Da lachte Ramananda und sagte: „Kabir ist wirklich ein wahrer Schüler."

Es war einmal ein König, der seinen spirituellen Lehrer sehr verehrte und es sich zur Gewohnheit gemacht hatte, alle Gaben, die er erhielt, zuerst seinem Meister anzubieten. Eines Tages schenkten ihm die Ärzte seines Hofes eine Büchse mit Pillen, die der Steigerung der sexuellen Potenz dienten und ihm helfen sollten, seine große Anzahl von Frauen zufriedenzustellen. Wie es seine Gewohnheit war, bot der König die Schachtel zuerst seinem Meister an. Dieser nahm daraus zwei Pillen, tat sie in seinen Mund und trank einen Schluck Wasser dazu. Anschließend kehrte der König in seinen Palast zurück und nahm selber eine Pille, um ihre Wirkung zu testen. Diese eine Pille erregte ihn so sehr, daß er die ganze Nacht von Lust geplagt wurde und selbst nachdem er all seine Königinnen besucht hatte, noch nicht zufriedengestellt war.

Am anderen Morgen stand der König auf, nahm ein Bad und setzte sich wie gewöhnlich in Meditation. Als er die Gebete an seinen Meister sprach, fiel ihm plötzlich wieder ein, daß er diesem ja von den Pillen angeboten hatte, und er fragte sich erschrocken: „Mir ist es mit einer Pille schon so ergangen, daß meine Begierde kein Ende nahm. Wie muß es da erst meinem Meister ergangen sein, der nicht nur eine, sondern zwei Pillen genommen hat?" Er sprang auf und ließ sich augenblicklich zu ihm fahren. Wie er in das Zimmer des Meisters kam, saß dieser dort ruhig wie gewöhnlich. Der König fragte: „Meister, wie geht es Euch? Ich habe nur eine Pille genommen und habe die ganze Nacht keine Ruhe gefunden. Ihr aber habt zwei genommen. Wie muß es Euch da ergangen sein! Bitte verzeiht mir." Der Meister antwortete: „Ich fühle mich wie immer und habe keine Ahnung, welchem Zweck Eure Pillen dienen sollten." Da erzählte ihm der König alles und fragte ihn verwundert: „Wie kommt es, daß die Pillen auf Euch keine Wirkung hatten?" Der Meister sagte: „Ich werde es Euch morgen erklären. Kommt jedoch heute nachmittag mit dem stärksten Ringer Eures Hofes und der Schachtel Pillen zu mir."

Der König kam also am Nachmittag mit dem stärksten Mann seines Hofes und der Schachtel Pillen zurück. Der Meister nahm die Schachtel und bot sie dem Ringer an, indem er sagte: „Diese Pillen hier erwecken starkes sexuelles Verlangen. Nehmt bitte zwei davon, und wenn Ihr wollt, könnt Ihr heute abend in das Freudenhaus am Fluß gehen und Euch dort vergnügen." Der Ringer schluckte zwei Pillen und ging dann voller Neugier und Erwartung heim. Der Meister trug dem

König auf, einen Ausrufer in der Nähe des Freudenhauses aufzustellen, der, sobald der Ringer sich dem Freudenhaus näherte, dessen Namen ausrufen und laut verkünden sollte, daß er des Verrats angeklagt sei und der König angeordnet habe, ihn am nächsten Morgen hinrichten zu lassen.

Bei dem starken Mann taten die Pillen bald ihre Wirkung und erweckten große Lust in ihm, so daß er sich begierig auf den Weg zum Freudenhaus machte. Als er jedoch hörte, daß er vom König des Verrats angeklagt sei und morgen früh hingerichtet werden sollte, war alle Gier mit einem Schlag weggeblasen. Er fürchtete nur noch um sein Leben. Hängenden Kopfes ging er nach Hause und dachte nur noch daran, wie er diesem ungerechten Urteil entkommen könnte. Da er keinen Ausweg wußte, begann er, zu Gott um Hilfe zu flehen, und machte die ganze Nacht kein Auge zu.

Schon vor dem Morgengrauen kamen die Boten des Königs und brachten ihn zum Haus des Meisters. Der König war auch bereits anwesend. Der Meister fragte den starken Mann: „Nun, wie ist es Euch mit den Pillen ergangen?" Der Ringer antwortete: „Die Pille, die ich durch die Ohren erhielt, war viel wirksamer als die Pillen von Euch, die ich mit dem Mund einnahm. Als ich hörte, daß ich heute hingerichtet werden soll, verschwand all meine sexuelle Lust. Oh Meister, Ihr wart so gütig, mir gestern die zwei Pillen zu geben, bitte erweist mir heute Euer Mitgefühl und rettet mich vor dem Tode!" Der Meister erwiderte: „Habt keine Angst, es wird Euch nichts geschehen. Bitte verzeiht mir, daß ich Euch zum Opfer meiner List gemacht habe." Dann wandte er sich an den König und sagte: „Wie Ihr sehen könnt, macht die Pille der Gegenwärtigkeit des Todes die Pillen der Lust zunichte. Dies ist meine Pille, die ich täglich nehme."

Ein Meister lehrte seine Schüler, daß alles Gott ist. Nun ging einer seiner Schüler eines Tages durch die Straßen, und ein wildgewordener Elefant kam auf ihn zugerannt. Der Elefantenführer rief von oben herab: „Geh beiseite, geh beiseite!" Doch der Schüler dachte bei sich: „Mein Meister hat mich gelehrt, daß alles Gott ist. Ich bin Gott und der Elefant ist Gott. Warum sollte Gott sich vor sich selbst fürchten!" Doch der herbeistürmende Elefant warf ihn zur Seite, und er wurde ernsthaft verletzt. Er ging zu seinem Meister und erzählte, wie es ihm ergangen war. Der Meister sagte: „Es ist wahr, daß du Gott bist. Und es ist auch wahr, daß der Elefant Gott ist. Doch Gott ist auch in der Gestalt des Elefantenführers, warum hast du nicht auf den Gott auf dem Rücken des Elefanten gehört?"

Ein König im alten Indien lag zum Mittagsschlaf in seinem mit Blumen bestreuten Bett. Diener standen um ihn herum und fächelten ihm kühlende Luft zu. Während er schlief, träumte der König, daß er in einer Schlacht vom König des Nachbarlandes besiegt worden war und aus seinem eigenen Reich verwiesen wurde. So verließ er seine Heimat und wanderte allein und verlassen umher. Auf seiner Wanderung kam er an einem Maisfeld vorbei, und da er hungrig war, pflückte er sich zwei Maiskolben, setzte sich an den Feldrand und begann sie zu essen. Gerade in diesem Augenblick kam der Besitzer des Feldes vorbei und sah, wie der Fremde seinen Mais aß, den er mit viel Mühe angebaut hatte. Dies erboste ihn so sehr, daß er seinen Stock nahm und damit auf den König einschlug.

Davon erwachte der König, und er fand sich wieder in seinem mit Blumen bestreuten Bett, und die Diener lächelten ihm freundlich zu und verneigten sich ehrerbietig vor ihm, als er um sich schaute. Sein Traum war so lebhaft und wirklich gewesen, daß ihm sein luxuriöses Schlafgemach und seine Diener, die er jetzt im Wachzustand sah, wie ein Traumbild erschienen. Er schloß die Augen und saß wieder am Rande des Feldes und wurde von dem Bauern verprügelt. Und als er die Augen öffnete, lag er wieder in seinem Bett. Da begann er sich zu fragen, ob nicht sein Leben als König einfach ein Traum war. Er war sich mit einem Male nicht mehr so sicher, daß alles, was er im Wachzustand erlebte, tatsächlich wirklich war.

Er ließ alle seine Gelehrten und Astrologen zu sich rufen, erzählte ihnen von seinem Traum und fragte sie: „Was ist tatsächlich die Wirklichkeit, der Wachzustand oder der Traumzustand?" Er erhielt allerlei Antworten, doch keiner der Gelehrten konnte seine Zweifel wirklich klären. Er wurde zornig: „Das einzige, was ihr in all den Jahren, in denen ich euch bezahlt habe, getan habt, ist fett zu werden!" Dann ließ er sie ins Gefängnis werfen und im ganzen Land verkünden, daß er jemanden suche, der ihm seine Frage beantworten könne.

Einer der Gelehrten des Königs hatte einen Sohn, der ein Krüppel war, aber einen aufgeweckten Geist hatte. Als der Vater schon mehrere Tage nicht heimgekommen war, fragte er seine Mutter: „Wo ist Vater?" Die Mutter antwortete: „Er wurde vom König ins Gefängnis geworfen." „Warum? Hat er eine schlimme Tat begangen?" „Nein", sagte die Mutter, „er konnte die Frage des Königs nicht beantworten." Und sie erklärte ihm, wie sich alles zugetragen hatte. Da sagte der Junge: „Ich kann die Frage des Königs beantworten, ich werde sogleich zu ihm gehen." Die Mutter versuchte ihn zurückzuhalten: „Die größten Gelehrten des Landes konnten die Frage nicht beantworten, wie solltest du ungelehrter Junge imstande sein, sie zu beantworten. Bleibe hier, sonst landest du auch noch im Gefängnis." „Bitte Mutter, laß mich gehen, ich weiß ganz gewiß die Antwort." Und so ließ die Mutter ihn seufzend gewähren.

Vor dem Palast des Königs war eine große Trommel mit dem Hinweis aufgestellt worden, daß jeder, der die Frage des Königs beantworten wolle, darauf schlagen solle. Der Junge schlug die Trommel und wurde darauf von einem Wächter eingelassen. Als er den Thronsaal des Königs betrat, amüsierten sich alle Höflinge darüber, daß dieser verkrüppelte Junge die Frage des Königs beantworten wollte. Der aber ließ sich überhaupt nicht beirren, sondern sagte zu ihnen: „Wie dumm ihr doch seid. Wenn ihr Einsicht in die Wirklichkeit hättet, wüßtet ihr, daß das göttliche Wesen in allen gleich ist, und würdet nicht meine Jugend und meinen verkrüppelten Körper zum Anlaß für euren Hochmut nehmen." Da verstummten die Höflinge.

„Nun, junger Mann", sagte der König, „du bist also gekommen, um meine Frage zu beantworten. Was ist also wirklich, der Traumzustand oder der Wachzustand?" „Oh König, wenn Ihr träumt, existiert die Welt des Wachens nicht, und wenn Ihr wacht, existiert die Welt des Traumes nicht. Beide Zustände sind unwirklich." „Aber wenn beide unwirklich sind, was ist dann wirklich?" fragte der König. Der Junge erwiderte: „Wachen und Träumen entstehen aus ein und demselben Geist. Entdeckt die Natur dieses Geistes, das ist die Lösung aller Probleme."

Ein Meister hielt einen Vortrag über die Kraft des Mantra, und er sagte: „Das Mantra besitzt die Kraft, uns zu Gott zu führen." Da stand einer der Zuhörer auf und rief: „Das ist Unsinn! Wie kann die Wiederholung eines Wortes uns zu Gott bringen? Wenn wir immerzu Brot, Brot, Brot wiederholen, wird daraus Brot entstehen?" Der Meister wies ihn zurecht: „Setz dich, du Bastard!" Da fing der Mann an zu zittern und wurde rot vor Wut: „Wie können Sie es wagen, so mit mir zu reden! Und Sie wollen ein heiliger Mann sein. Unverschämtheit!" Der Meister sagte: „Entschuldigen Sie, daß ich Sie beleidigt habe. Doch sagen Sie mir bitte, was fühlen Sie in diesem Augenblick?" „Sehen Sie das nicht, ich bin außer mir vor Entrüstung!" antwortete der Mann. „Oh mein Herr, ich habe nur ein einziges Schimpfwort gebraucht, und es hatte eine derart starke Wirkung auf Sie. Warum glauben Sie nicht, daß die Wiederholung des Namens Gottes Sie verändern und zu Gott führen kann?"

Der Meister Eknath Maharadsch hatte einen Ashram, der immer voller Betriebsamkeit war. Jeden Tag erhielten dort viele Leute ihr Essen, und Eknath verteilte an alle eigenhändig Süßigkeiten. Eines Tages kam ein Millionär in den Ashram, und als er den Heiligen so ruhig und heiter inmitten all der Betriebsamkeit sah, war er sehr beeindruckt. Er sagte zu Eknath: „Wenn ich so viele Leute wie hier zu einem Fest einladen würde, bräuchte ich viele Helfer und müßte alles sehr genau planen, und selbst dann wäre das Gelingen noch nicht sichergestellt. Ihr jedoch sitzt, obwohl so viele Dinge um Euch herum geschehen, völlig gelassen und heiter da. Was ist Euer Geheimnis?" Der Meister tat, als wenn er die Frage nicht gehört hätte, und sagte zu dem reichen Mann, indem er mit dem Finger schnippte: „Ihr werdet in sieben Tagen sterben, es ist besser, Ihr geht heim."

Der arme Mann erlitt einen derartigen Schock, daß ihm die Beine versagten und er nach Hause getragen werden mußte. Er hatte bisher nie über Gott und den Tod nachgedacht, sondern war immer nur damit beschäftigt gewesen, mehr und mehr Geld anzuhäufen. Zuhause rief er alle Verwandten und Nachbarn zu sich ans Bett und erzählte unter Jammern und Wehklagen, daß er in sieben Tagen sterben müsse. Er war so voller Furcht und Panik, daß er, obwohl er vorher völlig gesund gewesen war, tatsächlich von Tag zu Tag kränker wurde und selbst das Augenlicht verlor.

Als jedoch der siebente Tag kam, beruhigte er sich allmählich. Und als es elf Uhr war, und er nach seiner Vermutung nur noch eine Stunde zu leben hatte, war er völlig still und ruhig geworden. Er hatte alle Furcht und Panik verloren, sein Geist hatte aufgehört zu wandern und war nur noch auf den Tod ausgerichtet. Wie er noch eine Viertelstunde hatte, war sein Interesse an den Dingen dieser Welt völlig erloschen. Genau zu diesem Zeitpunkt kam Meister Eknath, und der reiche Mann war sehr glücklich, ihn noch einmal in der Stunde seines Todes zu sehen. Eknath fragte: „Wie geht es Euch? Wie ist Euer Geisteszustand? Ihr scheint ganz ruhig zu sein." „Wie kann mein Geist noch hin- und herwandern, wo ich nur noch wenige Minuten zu leben habe? Ich bin völlig auf den Tod ausgerichtet und denke nur an Gott", antwortete der Millionär. Darauf sagte der Meister zu ihm: „Genauso geht es mir auch. Ich habe mein Interesse an den Dingen dieser Welt völlig verloren, da ich mir der Vergänglichkeit und des Todes immer bewußt bin und all mein Denken auf Gott ausgerichtet ist. Nun wißt Ihr genau, wie mir zumute ist. Steht jetzt auf, denn Eure Zeit zum Sterben ist noch lange nicht gekommen. Ich habe Euch dies nur gesagt, damit Ihr aus eigener Anschauung versteht, aus welchem Geisteszustand heraus ich handle."

Es war einmal ein junger Prinz, der von einem Teufel besessen war. Der König nahm seinen Sohn mit sich zu einem weisen Seher. Wie es sich begab, war der Meister gerade ausgegangen, nur sein Schüler war im Ashram. Da der Meister nicht da war, sprach der Schüler zweimal den göttlichen Namen und sprenkelte einige Tropfen Wasser auf den Jungen. Dieser wurde dadurch augenblicklich von dem bösen Teufel, der Besitz von ihm ergriffen hatte, befreit.

Als der Meister zurückkehrte, erzählte ihm der Schüler, was sich zugetragen hatte: „Da Ihr nicht da wart und der Prinz sehr litt, habe ich zweimal den Namen des Herrn gesprochen und ein wenig Wasser auf den Jungen gesprenkelt, und er war sogleich von seinem Leiden befreit." Der Meister sagte: „Es ist gut, daß du ihn von dem bösen Geist befreit hast. Aber wenn man nur einmal den Namen Gottes wiederholt, kann man die Hölle in den Himmel verwandeln. Mußtest du da, um einen Jungen von seinem bösen Geist zu befreien, Gottes Namen zweimal sagen?"

Ein Meister erklärte eines Tages zwei von seinen Schülern die Geheimnisse wahrer Meditation und echter Erkenntnis und wies sie dabei auch an, den Meister nicht auf seinen Körper zu beschränken, sondern ihn überall zu sehen. Er sagte: „Der Meister ist euer inneres Selbst wie auch das innere Selbst von allen. Wohin auch immer ihr geht, ihr solltet das Empfinden haben, daß der Meister auch anwesend ist." Dann gab er jedem von ihnen eine Frucht und schickte sie mit den Worten fort: „Sucht einen Ort, wo niemand ist, und eßt dort diese Frucht. Danach kommt hierher zurück."

Einer von ihnen kam bald ohne Frucht zurück. Der Meister fragte ihn: „Was hast du mit der Frucht gemacht?" Der Schüler antwortete: „Ich habe mich in meinem Zimmer eingeschlossen, wo niemand war, und dort habe ich unbeobachtet die Frucht gegessen."

Der andere brachte dem Meister die Frucht mit den Worten zurück: „Meister, Ihr selbst habt gesagt, daß der Meister allgegenwärtig ist. Überall, wo ich hinging, spürte ich Eure Gegenwart, und so konnte ich die Frucht nicht essen. Deshalb bringe ich sie Euch zurück." Der Meister sagte darauf zu ihm: „Du hast wirklich deinem Meister gedient und aufgrund deiner Hingabe Verwirklichung erlangt. Jetzt kannst du gehen, wohin du willst. Geburt und Tod wird es für dich nicht mehr geben."

Und zu dem anderen sprach er: „Dein Bruder hat wirkliche Hingabe geübt, du jedoch hast die Frucht gegessen und wirst daher noch viele Male geboren werden und sterben und noch viele Male etwas zu essen erhalten."

Ein Schüler kam zu einem heiligen Meister und bat um spirituelle Unterweisung. „Da gibt es nicht viel sagen", erklärte dieser. „Alles ist das Selbst. So wie Wasser zu Eis wird, nimmt das Selbst die Gestalt dieses Universums an. Es gibt nichts außerhalb des Selbst. Du bist dieses Selbst. Erkenne dies und du wirst alles wissen." Der Schüler konnte mit der Antwort nichts anfangen, und er fragte, ob er nicht noch andere Unterweisungen erhalten könne. Der Meister antwortete ihm: „Das ist alles, was ich zu lehren habe. Wenn du mehr wissen willst, mußt du woandershin gehen."

Darauf suchte der Schüler einen anderen Meister auf. Dieser sagte ihm: „Ich werde dich alles lehren, doch mußt du mir zuerst zwölf Jahre lang dienen." Der Schüler nahm bereitwillig diese Bedingung an und sammelte zwölf Jahre lang getrockneten Kuhmist für den Ashram des Meisters. Nach zwölf Jahren ging er zum Meister und sagte: „Meister, jetzt habe ich Euch zwölf Jahre gedient, bitte unterweist mich." Dieser nickte und sagte ihm: „Alles ist das Selbst, das gesamte Universum ist nichts anderes als die Gestalt des Selbst, und auch du bist nichts anderes als das Selbst." Durch die jahrelange Arbeit für seinen Lehrer war der Geist des Schülers reif geworden. Und als er jetzt diese Worte hörte, verstand er mit einem Mal. „Oh Meister, diese Unterweisung habe ich vor zwölf Jahren schon von einem anderen Meister gehört. Warum habe ich sie denn damals nicht verstanden?" „Weil du damals noch dumm und verschlossen warst", erwiderte der Meister.

Ein Meister erklärte seinen Schülern: „Gott und die Seele sind ein und dasselbe. Gott existiert in sich selbst und gleichermaßen auch in uns allen." Darauf sagte einer der Schüler: „Meister, Gott ist unermeßlich und von großer Macht, unzählige Welten existieren in ihm. Wie können wir Gott sein?" Der Meister gab ihm statt einer Antwort seine Teeschale und sagte: „Gehe zum Dschamunafluß und fülle die Schale mit Wasser." Der Schüler nahm die Schale und brachte sie einige Zeit später gefüllt mit Wasser zurück. Der Meister nahm sie entgegen, schaute prüfend auf das Wasser und fragte: „Ist dies Wasser vom Dschamunafluß?" „Ja, gewiß Meister", antwortete der Schüler. „Dies kann kein Wasser aus dem Dschamunafluß sein, denn im Wasser des Dschamunaflusses schwimmen Fische und Schildkröten, baden Menschen und Elefanten. Bitte geh noch einmal und hole Wasser aus dem Dschamunafluß." „Aber Meister", entgegnete der Schüler, „dies ist doch nur eine kleine Teeschale, sie kann doch unmöglich, das ganze Wasser des Flusses und alle darin lebenden und sich badenden Wesen enthalten." „Was du sagst, ist wahr", sagte der Meister. „Nun gehe mit der Schale zum Fluß und gieße das Wasser zurück." Als der Schüler mit der leeren Schale zurückkkam, sagte der Meister: „Existieren nicht jetzt alle Wesen und Dinge des Flusses auch in dem Wasser, das du zurückgeschüttet hast? Die individuelle Seele ist wie das Wasser in der Schale, sie besteht in einer begrenzten Form und erfährt sich daher als von Gott getrennt und verschieden. Wenn du jedoch durch Meditation und Weisheit dein wahres inneres Wesen erkennst, wirst du sehen, daß du Gott bist und ebenso wie er alles durchdringst und von seinen Kräften erfüllt bist."

Meister Ramanudscha begab sich eines Tages zu einem Jahrmarkt. Als die Hitze des Tages am größten war, setzte er sich mit seinen Schülern unter einen schattenspendenden Baum. Wie er um sich schaute, bot sich ihm ein erstaunlicher Anblick dar. Ein Hüne von einem Mann, der einer der stärksten Ringer des Landes war, ging hinter einem zierlichen, hübschen Freudenmädchen her. Er hielt einen großen Sonnenschirm über sie und fächelte ihr Kühlung zu. All seine Aufmerksamkeit war nur auf sie gerichtet. Meister Ramanudscha wollte ergründen, was diesen starken Mann zu solch einem Verhalten bewog, das ihn leicht zu einer Beute des Spottes machen konnte. Er schickte einen Schüler zu ihm und ließ ihn bitten, zu ihm zu kommen. Der Ringer sagte: „Ich komme nur, wenn ich mein Mädchen auch mitbringen kann." „Ja natürlich, du kannst dein Mädchen mitbringen", erwiderte der Schüler. Als er beim Meister war, fragte dieser ihn: „Ihr seid ein berühmter Ringer und ein Mann von hünenhaf-

127

ter Gestalt. Und da lauft Ihr in dieser heißesten Zeit des Tages, wo die Sonne wie Feuer herniederbrennt, diesem zierlichen Freudenmädchen hinterher, haltet Ihr einen Sonnenschirm und fächelt ihr Kühlung zu. Bitte sagt mir, was Euch dazu veranlaßt." Der Ringer antwortete: „Meister, daß ich so von ihr angezogen bin, hat nichts mit sexueller Begierde zu tun. Ich bin ein großer Ringer, und als solcher habe ich meine sexuelle Lust völlig besiegt. Mein Samen fließt nur noch aufwärts, er kann nicht mehr abwärts fließen. Ich bin von der Schönheit ihrer Gestalt angezogen. Ich bin von ihrer Schönheit so fasziniert, daß ich nur dann zufrieden bin, wenn ich sie sehe. Darum folge ich ihr." Ramanudscha fragte: „Und wenn ich Euch eine Schönheit zeige, die unendlich viel größer als die Schönheit dieses Mädchens ist, was würdet Ihr dann tun?" „Dann würde ich sie lassen." „Ihr würdet sie wirklich lassen?" „Ja, gewiß." Darauf sagte der Meister: „Dann setzt Euch hier neben mich." Der Ringer setzte sich nieder, und Ramanudscha berührte mit segnender Hand seine Stirn und seine Herzregion. Durch diese Berührung verlor sich der Ringer in tiefe Sammlung, und er sah die herrlich leuchtende Schönheit in seinem Herzen, der nichts gleichkommt. Anschließend bat er das Mädchen, wieder zu ihren Eltern zu gehen, und sagte: „Ich folge dem Meister."

Seit langem war der Meister Samartha Ramdas vom König und dessen Premierminister in die Hauptstadt eingeladen worden. Doch hatte er bisher keine Anstalten gemacht, dieser Einladung zu folgen. Eines Tages jedoch brach der Heilige, einem inneren Impuls folgend, in die

Hauptstadt auf. Es hatte stark geregnet, und alle Tümpel waren voll Wasser. In einem Tümpel spielte glücklich ein großer, kräftiger Büffel mit dem Wasser. Ramdas blieb stehen und schaute vergnügt zu. Der Büffel beschmierte seine Hörner mit Schlamm, dann wusch er sie im Wasser und rieb sie gegen einen Stein. Ramdas dachte bei sich: „Dieser Büffel ist groß und kräftig, er reibt seine Hörner sicherlich am Stein, weil er jemanden damit angreifen will." Und leise vor sich hinmurmelnd sagte er: „Du tauchst es ins Wasser und reibst es auf einem Stein, doch ich weiß, was in deinem Geist vor sich geht." Diesen Satz wiederholte er den ganzen Weg lang, bis er schließlich im Palast ankam, wo er mit großen Ehren empfangen wurde.

Meister Ramdas blieb vier Wochen lang im Palast des Königs. Als er sich entschloß zu gehen, gab er dem König und dem Premierminister seinen Segen. Bevor er ging, nahm ihn der Premierminister noch einmal beiseite und bat ihn, ihm ein Mantra zu geben, das den König retten könne, denn er hege den Verdacht, daß die Verwandtschaft des Königs ihn umbringen wolle. Und der Meister gab ihm als Mantra: „Du tauchst es ins Wasser und reibst es auf einem Stein, doch ich weiß, was in deinem Geist vor sich geht." Und er fügte hinzu: „Dies ist das Mantra, das der König ständig wiederholen soll." Da der König völliges Vertrauen in den Heiligen hatte, wiederholte er das Mantra ohne Bedenken und ließ es sogar auf die Wand gegenüber von seinem Thron schreiben, so daß er es immer sehen konnte, wenn er dort saß.

Der Verdacht des Premierministers war nicht unberechtigt gewesen. Der jüngere Bruder des Königs hatte tatsächlich den Plan gefaßt, mit Hilfe seiner Verbündeten den Thron an sich zu reißen. Sie hatten den Barbier des Königs mit einer hohen Geldsumme bestochen und ihm befohlen, daß er das nächste Mal dem König bei der Rasur einfach die Kehle durchschneiden solle. „Sorge dich nicht, wenn der König tot ist, übernehmen wir die Macht, und du wirst keine Strafe erdulden müssen." Der Barbier war nun in einer verzwickten Lage, und er wußte nicht mehr aus noch ein. Falls er den König nicht umbringen würde, mußte er damit rechnen, daß seine Auftraggeber ihn töten würden. Schlüge sein Attentat gegen den König fehl, würde er gewiß zum Tode verurteilt werden. Und selbst wenn es ihm gelänge, bestand immer noch die Gefahr, daß die Anhänger des Königs ihn töten oder seine Auftraggeber ihn als unliebsamen Mitwisser aus der Welt schaffen würden.

Der Tag der Rasur kam, und der Barbier erschien zur gewohnten Zeit beim König. Doch diesmal war er außerordentlich nervös. Da er nicht aus noch ein wußte, tauchte er das Rasiermesser immer wieder ins Wasser und schärfte es auf dem Stein. Dem König wurde das Warten lang, und er begann sein Mantra laut herzusagen: „Du tauchst es ins Wasser und reibst es auf einem Stein, doch ich weiß, was in deinem Geist vor sich geht." Als der Barbier diese Worte hörte, ließ er das Rasiermesser fallen und fiel dem König zu Füßen. „Eure Majestät, rettet mich. Ihr kennt das Geheimnis. Ich bin ein armer Barbier und wurde gezwungen, dies zu tun. Bittet rettet mich." „Welches Geheimnis?" fragte der König erstaunt. „Es war nicht meine Idee, Euer jüngerer Bruder und seine Verbündeten haben mich gezwungen", sagte der Barbier. „Worüber redest du?" fragte der

König. Und der Barbier erzählte ihm alles. Der König ließ daraufhin seinen Bruder und dessen Verbündete gefangennehmen.

So wurde durch das Mantra des Heiligen sowohl das Leben des Königs als auch das des Barbiers gerettet.

Ein Yogi, der viel von sich und seinen asketischen Übungen hielt, wollte Schüler eines Meisters werden und sich seinem Ashram anschließen. Als er vorsprach, bat man ihn, am folgenden Morgen um zehn wiederzukommen, um mit dem Meister selbst zu sprechen. Am nächsten Morgen bat der Meister eine alte Frau, die seine treuergebene Schülerin war und half, den Ashram sauberzuhalten, zu der Zeit, wo der Yogi erwartet wurde, draußen vor dem Tor zu fegen, und wenn der Yogi an ihr vorbeiging, soviel Staub wie möglich aufzuwirbeln. Der Glaube der alten Frau bestand darin, den Worten ihres Meisters genau zu folgen, und als der Yogi sich näherte, begann sie soviel Staub aufzuwirbeln, wie es ihr nur eben möglich war. Schon von weitem rief der Asket: „Du boshaftes altes Weib, warum wirbelst du gerade jetzt, wo ich komme, soviel Staub auf? Weißt du nicht, wer ich bin? Warum hörst du nicht für eine Minute lang auf und läßt mich vorbeigehen?" Die Frau hielt an und trat zur Seite. Der Yogi ging zum Meister und bat ihn um die Erlaubnis, in seinem Ashram leben zu dürfen. Der Meister sagte: „Du bist es nicht wert, in diesen Ashram aufgenommen zu werden. Befreie dich zuerst von deiner Boshaftigkeit, und komme in sechs Monaten wieder. Wenn ich einen boshaften Kerl wie dich hier leben lassen würde, so könnten alle von dir angesteckt werden, denn bisher habe ich keinen einzigen boshaften Menschen hier."

Als nach sechs Monaten der Yogi wieder beim Meister vorsprechen wollte, gab dieser der alten Frau den Auftrag, einen Abfallkorb auf ihn auszuleeren. Die alte Frau setzte den Korb auf den Kopf und ging zum Tor hinaus dem Yogi entgegen. Wie sie auf gleicher Höhe mit ihm war, tat sie so, als ob sie das Gleichgewicht verlöre, und stieß den Korb so, daß der ganze Abfall auf den Yogi herniederregnete. Der jedoch reagierte diesmal entschieden zurückhaltender als das erste Mal. Er schubste die alte Frau sanft zurück und sagte nur: „Wie eklig. Du scheinst überhaupt kein Hirn zu haben." Dann ging er zum Meister und sprach: „Meister, hier bin ich wieder." Der Meister wies ihn jedoch mit den Worten zurück: „Du bist es noch nicht wert, in meinem Ashram zu leben. Besiege zuerst deinen Ekel und deine Angewohnheit, auf andere Leute herabzuschauen. Komme in sechs Monaten wieder."

Als der Tag gekommen war, wo der Yogi wieder beim Meister vorsprechen wollte, sagte dieser zu der alten Frau: „Heute kommt der Asket wieder. Gehe vors Tor und fege diesmal ganz behutsam den Boden, ohne Staub aufzuwirbeln. Er wird stehenbleiben und warten, bis du ihn vorbeiläßt. Wenn er vorbeigegangen ist, nimm deinen Besen und verhaue ihm den Rücken und schimpfe mit ihm." Wie nun der Yogi in Sichtweite war, begann die alte Frau, behutsam den Weg zu fegen. Und wie der Meister gesagt hatte, blieb er zurückhaltend stehen und wartete, bis sie ihn vorbeiließ. Die alte Frau trat beiseite, und kaum war der Yogi an ihr vorübergegangen, hob sie den Besen und schlug ihn links und rechts auf den Rücken, wobei sie ihn lauthals anschrie: „Du boshafter Kerl, bist du blind. Kannst du nicht sehen, daß ich hier fege. Ich diene meinem Meister, und du wagst es, meine Arbeit zu stören. Besitzt du nicht soviel gesunden Menschenverstand, an die Seite zu gehen, während ich hier fege! Was bist du doch für ein stolzer Pfau!" Der Yogi fiel vor ihr auf die Knie und bat sie um Vergebung: „Mutter, es war mein Fehler, vergib mir. Ich will es nicht wieder tun." Dann ging er zum Meister und sagte: „Meister, hier bin ich wieder." Und der Meister sprach: „Jetzt kannst du dich dem Ashram anschließen. Geh, nimm ein Bad und komm dann hierher."

Ein Schüler, der die Angewohnheit hatte, viele Bücher zu lesen, kam eines Tages zu seinem Meister mit einem Buch unter dem Arm. Der fragte: „Was ist das unter deinem Arm?" „Ein Buch", antwortete der Schüler. „Komm bitte näher", sagte der Meister, „ich will dir eine tiefgründige Wahrheit übermitteln." Der Schüler trat gespannt näher. „Ein Buch ist das Produkt eines menschlichen Gehirns, aber das Gehirn ist niemals das Produkt eines Buches, deshalb meditiere."

Ein Schüler fragte seinen Meister: „Meister, wie kann ich Gott erlangen?" Der Meister nahm ihn mit ans Meer und tauchte ihn unter Wasser. Nach einer geraumen Weile zog er ihn wieder hoch und fragte: „Wie hast du dich gerade unter Wasser gefühlt?" Der Schüler antwortete: „Ich hatte das Gefühl, mein letzter Augenblick sei gekommen, und befand mich in einem Zustand der Verzweiflung." Darauf sagte der Meister: „Du wirst dann Gott erlangen, wenn du dich nach ihm so sehr sehnst, wie du dich eben nach einem Atemzug frischer Luft gesehnt hast."

Ein König in Indien ließ sich jeden Tag von einem Gelehrten die Bhagavadgita, die heilige Schrift der Hindus, vorlesen. Am Ende eines jeden Abschnittes pflegte der Gelehrte den König zu fragen: „O König, konntet Ihr all dem folgen, was ich vorgelesen habe?" Und der König antwortete nur: „Mein lieber Brahmane, es ist zuallererst Eure Aufgabe, die Bedeutung dieser heiligen Texte zu verstehen." Dieser Dialog wiederholte sich jeden Tag, und der gelehrte Brahmane fragte sich, warum der König ihm immer diese Antwort gab. Und so begann er, sein eigenes Verstehen tiefer zu untersuchen, und gelangte dabei zu der Erkenntnis, daß das einzig wirklich notwendige im Leben die Anbetung Gottes ist. Er wurde der Gesellschaft und ihrer Vergnügen überdrüssig und entschloß sich, in die Abgeschiedenheit zu gehen. Bevor er sein Haus endgültig verließ, schrieb er dem König eine Botschaft, in der er sagte: „O König, nun habe ich tatsächlich die wahre Bedeutung der heiligen Schriften erkannt. Sie ist: Gib alles auf, um nur noch Gott zu folgen."

Eines Tages fragten Schüler ihren Meister Yadschnavalkya, was vollkommene Hingabe sei. Der Meister antwortete: „Wenn ihr euch ganz Gott oder dem Meister ausliefert, das ist vollkommene Hingabe." Und er fügte hinzu: „Wer von euch bereit ist, sich Gott und dem Meister ganz auszuliefern, der soll seine Hand heben!" Da hoben alle ihr Hände. Der Meister lächelte zufrieden angesichts ihres augenscheinlichen guten Willens.

Einige Tage später hielt Yadschnavalkya in seinem Ashram, der etwas außerhalb der Stadt lag, vor seinen zahlreich versammelten Schülern einen Lehrvortrag, als plötzlich von draußen großer Lärm hereindrang und Stimmen riefen: „Feuer, Feuer! In der Stadt ist Feuer ausgebrochen!" Als die Schüler dies hörten, sprangen sie alle eiligst auf, um in die Stadt zu eilen und von ihrem Besitz zu retten, was noch zu retten war. Nur der König Dschanaka, der auch zu den Schülern des Meisters gehörte, blieb ungerührt sitzen. Als sie in der Stadt ankamen, stellte sich heraus, daß es falscher Alarm gewesen war. Und so gingen sie zum Ashram zurück, aber nicht weil sie unbedingt hören wollten, was der Meister sie zu lehren hatte, sondern weil sie in der Eile ihre Sitzmatten und Gebetsperlenketten hatten liegen lassen. Der Meister fragte sie alle, warum sie fortgelaufen waren. Und jeder hatte einen besonders triftigen Grund. Der eine wollte seine Familie retten, der andere seinen Besitz und so fort. Schließlich fragte Yadschnavalkya den König: „Eure Majestät, warum seid Ihr nicht fortgerannt? Ihr habt doch solch einen schönen Palast und solch ein großes Königreich, warum wolltet Ihr nichts retten?" Der König antwortete: „Gerade vor einigen Tagen habe ich mich Euch ganz ausgeliefert und Euch alles übergeben. Was sollte da noch übrig sein, das mir gehört und das ich retten müßte?" Da sagte der Meister: „Nur der König hat sich wirklich ausgeliefert, während alle anderen, die damals die Hand gehoben haben, vollkommene Auslieferung und Hingabe nur dem Anschein nach, aber nicht wirklich in ihrem Herzen erweckt haben."

Einst versammelten sich viele Weise und Seher und besprachen sich über die Wege zur Selbsterkenntnis. Schließlich trug jemand die Frage vor, was als Mittel zur Selbsterkenntnis höher zu bewerten sei: asketische Praktiken wie Fasten, auf einer Stelle stehen oder sitzen, Atemübungen, Pilgerfahrten, Reinlichkeitsübungen, großzügig milde Gaben geben, ständiges Wiederholen des Mantras oder einfach richtige Einsicht in das Wesen Gottes.

Vischvamitra, der große Asket, erhob sich und sagte: „Strenges Üben bringt am meisten Früchte und gibt dem Asketen größte Stärke. Durch die Kraft seiner Askese kann er das unmöglich zu Erreichende erreichen, und wenn ihm danach ist, kann er selbst eine neue Welt erschaffen."

Der weise Vasischtha hingegen sagte: „Ich stimme der Ansicht Vischvamitras nicht zu. Echte Einsicht ist allem strengen Üben überlegen. Die Bäume bewegen sich für Jahrhunderte und die Berge gar für Jahrtausende nicht von ihrem Platz, das Wasser der Flüsse und Bäche murmelt sein Mantra unentwegt bei Tag und Nacht, der Atem des Windes bläst ohne stillzustehen, und doch kann man nicht sagen, daß sie Verwirklichung erlangt haben. Wieso sollte ein Mensch, wenn er das gleiche wie sie tut, dadurch Verwirklichung erlangen können? Was wirklich zählt, ist echte Einsicht, wahre Selbsterkenntnis."

Doch Vischvamitra erwiderte: „Ohne strenges Üben und harte Askese kann der Mensch nichts erlangen. Was Vasischtha sagt, ist absurd und unsinnig." Und so begannen die beiden einen Disput, ohne jedoch zu einer Einigung zu gelangen. Auch die übrigen versammelten Weisen waren unterschiedlicher Ansicht, so daß schließlich der weise Narada vorschlug: „Wir sollten nicht miteinander streiten. Das beste ist, wir fragen den Schlangengott Schesnag, der die ganze Welt auf seinem Nacken trägt. Er kennt alle Wesen und alle Geheimnisse dieser Welt, große wie kleine."

Und so begaben sich Vischvamitra und Vasischtha zu Schesnag in die Unterwelt und trugen ihm das Problem vor. Schesnag war sehr weise, und er sah, daß Vischvamitra ein halsstarriger Asket war, der sicherlich vor Wut und Frustration explodiert wäre, wenn er eine Antwort geben würde, die nicht seinen Erwartungen entsprach. Und so sann er sich eine List aus. Er sagte: „Seht, ich trage solch eine schwere Last auf meinem Nacken, wie soll ich da unbeschwert diese schwierige Frage überdenken und beantworten. Wenn einer von euch beiden mir für eine Weile die Welt abnimmt, dann könnte ich gewiß die Frage beantworten." Vischvamitra holte augenblicklich seine Kinnstütze hervor, die Yogis benutzen, wenn sie Tag und Nacht meditieren, und sagte: „Ich bin tausend Jahre still gestanden und habe selbst Eisenkugeln gekaut. Ich gelte als der größte Asket der Welt, und jetzt werde ich beweisen, wieviel Macht Askese hat. Mein Kinnstab wird bestimmt die Erde tragen können."

Als Schesnag die Erde auf den Stab legte, begann der Stab zu wackeln und zu zittern, so daß die Erde jeden

Augenblick hinunterzufallen drohte. Schesnag sagte: „Sieh, die Erde droht jeden Augenblick zu fallen. Es ist wohl besser, ich nehme sie wieder zurück." Vischvamitra mußte kleinlaut zugeben, daß sein Stab die Erde nicht tragen konnte. Dann fragte Schesnag Vasischtha: „Wie ist es mit dir?" Der antwortete: „Hier ist meine Wasserschale. Wenn ich einen kurzen Augenblick lang darüber meditiere, daß alles, was existiert, das Absolute ist, so sollte sie in der Lage sein, das Gewicht der Erde zu tragen; denn Meditation mit solcher Einsicht hat grenzenlose Kraft." Schesnag legte die Erde auf Vasischthas Wasserschale, und die Schale schien sie mit Leichtigkeit zu tragen. Da die Erde so gut und unerschütterlich ruhte, begann Schesnag, erleichtert von der Last, mit Vasischtha zu plaudern, und fragte ihn nach diesem und jenem aus der Oberwelt. Vischvamitra jedoch war unruhig und nervös. Er hielt es nicht aus, daß die beiden sich einfach über solch belanglose Dinge unterhielten, wo die wichtige Frage noch gar nicht beantwortet worden war. Und so verlangte er in ärgerlichem Ton von Schesnag: „Sage jetzt, was ist mehr wert, strenges Üben oder Einsicht!" Schesnag antwortete: „Was soll ich noch sagen? Ist es nicht offensichtlich, was überlegen ist. Dein Yogastab konnte die Erde nicht halten, während sie jetzt unerschütterlich auf der Wasserschale Vasischthas ruht."

Ein Meister und sein Schüler gingen auf die Reise. Als sie schon eine Weile gewandert waren, sagte der Meister: „Mein Sohn, wir kommen jetzt in die Provinz der Atheisten. Nimm dich in acht, daß dich niemand als Mann Gottes erkennt." Bald darauf kamen sie in die

Nähe einer Stadt und stießen auf ein königliches Rasthaus. Als sie hineingingen, fanden sie einen wunderschönen Raum mit zwei Betten darin. Und da sie müde von der Reise waren, legten sie sich sogleich nieder und fielen in einen erquickenden Schlaf.

Nach einer Weile kamen Diener des Königs, die das Rasthaus für die Ankunft ihres Herrn vorbereiten wollten, und sahen belustigt die beiden Yogis glücklich schnarchend in den prachtvollen königlichen Betten liegen. Als einer der Diener gerade dabei war, den Meister wachzurütteln, trat der König ins Haus. Der Meister wurde wach und richtete sich augenblicklich auf. Der König fragte ihn: „Woher kommst du? Wer hat dich eingeladen, hier in meinen Gemächern zu schlafen?" Doch der Meister schien taub zu sein, und kein Wort kam aus seinem Mund. „Er scheint verrückt zu sein", sagte der König zu seinen Dienern. „Bringt ihn nach draußen und laßt ihn laufen." Dann ging er zum anderen Bett und rüttelte den Schüler wach. Der schrak aus dem Schlaf, sprang auf und schrie den König an: „Was fällt dir ein! Weißt du eigentlich, wer ich bin. Ich bin der Schüler eines großen Meisters, und du solltest mich mit Respekt behandeln." Der König antwortete: „Du magst der Schüler eines großen Meisters sein, doch gibt dir das noch lange nicht das Recht, in meinem Rasthaus in meinem Bett zu schlafen!" Und zu seinen Dienern sagte er: „Gebt ihm zwanzig Peitschenhiebe, und werft ihn dann hinaus!"

Draußen traf der Schüler, stöhnend und von Striemen übersät, den Meister wieder. Dieser fragte ihn: „Warum haben sie dich ausgepeitscht? Mir haben sie nicht einmal ein Härchen gekrümmt?" Und der Schüler erzählte: „Als sie mich so unsanft aufweckten, wurde ich wütend und schrie: ‚Ich bin der Schüler eines großen Meisters, was fällt euch ein!' Darauf sagte der Meister: „Du magst der Schüler eines großen Meisters sein, doch im Lande der Atheisten hättest du besser deinen Mund gehalten."

Der Lehrer Dronatscharya sagte am Ende einer Unterweisung zu seinen jungen Schülern: „Werdet niemals ärgerlich! Merkt euch diesen Satz gut, denn morgen werde ich jeden einzelnen von euch dazu befragen." Am anderen Tag konnten alle Schüler augenblicklich den Satz auswendig hersagen, nur Yudischtara gab zur Antwort: „Ich habe ihn noch nicht gelernt." „Du bist der Älteste von allen und bist doch nicht imstande, diesen einfachen Satz zu behalten. Bis Morgen mußt du deine Lektion gut lernen. Jeder war gut vorbereitet, warum du nicht auch?" tadelte ihn der Lehrer.

Am anderen Tag konnte Yudischtara wieder nicht den Satz hersagen. Dronatscharya gab ihm einen Klaps und warnte ihn: „Morgen mußt du ihn aber können." „Meister, ich will mein Bestes tun, aber ich weiß nicht, ob es mir gelingen wird." Doch am nächsten Tag war es wieder das gleiche, und Yudischtara erhielt jeweils zwei Klapse auf die rechte und linke Wange. Als er den Satz am folgenden Tag immer noch nicht konnte, gab der Lehrer vor, wütend zu werden, nahm seinen Stock und schlug Yudischtara. Der aber lachte nur, und Dronatscharya gab ihm weitere zehn Schläge. Dann sagte er zu seinem Schüler: „Ich werde dich nicht weiter verhauen, doch sage mir, hast du den Satz jetzt begriffen oder nicht." Yudischtara antwortete: „Ich bin sicher, daß ich heute den Satz behalten habe, aber ich weiß nicht, ob ich ihn nicht morgen schon wieder vergessen haben werde." Da umarmte ihn der Lehrer und sagte zu den anderen Schülern: „Niemand außer Yudischtara hat die Lektion wirklich gelernt, denn er hat sie auch tatsächlich praktiziert."

Ein frommer Mann zählte seit Jahren ständig die Perlen seines Rosenkranzes, indem er dabei im stillen den Namen seiner Meditationsgottheit wiederholte. Sein Meister sagte zu ihm: „Warum klebst du auf einer Stelle? Gehe voran." Der fromme Mann antwortete: „Ich kann nicht ohne Gottes Gnade vorangehen." Der Meister sprach: „Gottes Gnade weht Tag und Nacht über deinem Kopf. Entfalte die Segel deines Bootes, wenn du schnell den Ozean des Lebens überqueren willst."

Ein Schüler, der tiefes Vertrauen in die Kraft seines Meisters hatte, sagte einfach dessen Namen und überquerte auf dem Wasser laufend den Fluß. Als der Lehrer dies sah, dachte er bei sich: „Was, so große Kraft ist allein in meinem Namen. Wie groß und machtvoll muß dann erst ich selber sein!" Am nächsten Tag versuchte er, selber auf dem Wasser zu gehen, indem er „ich, ich, ich" murmelte. Doch kaum war er aufs Wasser getreten, versank er und ertrank. Durch Vertrauen kann man Wunder wirken, doch Egoismus ist der Tod des Menschen.

Ein Schüler bat seinen Meister: „Meister, bitte mach, daß ich genau wie du Gott sehe."
Der Meister antwortete: „Alles hängt von Gottes Willen ab, doch um Gott zu erfahren, mußt du eine wirkliche Anstrengung unternehmen. Wenn du Butter willst, mußt du die Milch schlagen. Du willst, daß ich dir Gott zeige, während du ruhig dasitzt, ohne die geringste Anstrengung zu machen. Was für eine unvernünftige Haltung."

Meister Shankara hatte einen Schüler, der ihm schon lange diente, ohne jemals Belehrungen erhalten zu haben. Eines Tages hörte der Meister Schritte hinter sich und fragte: „Wer ist dort?" Der Schüler antwortete: „Ich bin es." Shankara sagte darauf zu ihm: „Dieses Ich, das dir so lieb ist, dehne es entweder ins Unendliche aus, oder löse dich von ihm ein für allemal."

ISLAM

Suche einen geistigen Führer, denn ohne ihn wird deine Reise voller Drangsal, Ängste und Gefahren sein.

Rumi

Der äußerliche Gelehrte studiert entweder um seiner selbst willen oder weil er will, daß man ihn sieht, hört oder Beifall klatscht. Der innerliche Weise studiert nicht um seiner selbst willen, sondern um Wissen zu erlangen. Wenn der innerliche Weise Wissen erlangt hat, kann er ein Wirkender oder ein Lehrer werden.

Falls er ein Lehrer ist, wird es seine einzige Sorge sein, denen Wissen anzuvertrauen, die wirklichen Nutzen daraus ziehen; und nicht denen, die sich selbst damit schmücken, andere damit beeindrucken oder sich wichtig fühlen wollen. Obwohl der wahre innerliche Gelehrte mühelos verstehen kann, wer aus unpassenden Beweggründen Wissen sucht, kann er es diesen unglücklicherweise nicht direkt offenlegen, weil ihr befehlshaberisches Selbst seine Rolle so hartnäckig verteidigt, daß es, wenn es nur eben kann, das Erlangen wahren Wissens verhindert. Wenn wirkliches Wissen kommt, ist das befehlshaberische Selbst vergessen. Warum sollte man sich da wundern, daß es so hartnäckig kämpft. Eben deshalb mahnen die Weisen ja eindringlich zur Demut.

Samarqandi

Wie groß der Lehrer auch sein mag, er ist hilflos gegenüber
einem, dessen Herz verschlossen ist.

Hafis

*Ein wahrer Meister, sagen die Sufis, ist so kostbar wie
„roter Schwefel", ein äußerst seltenes Produkt. Solch
ein Meister unterrichtet vor allem durch seine spirituelle Energie auf einer subtilen Ebene, wo Worte nicht so
wichtig sind und die körperliche Entfernung kein Hin-
dernis darstellt. Der Meister hat keine andere Funktion, als den Schüler innerlich in die Nähe und in die
Gegenwart der göttlichen Wirklichkeit zu führen. Der
Schüler muß gemäß den ihm gegebenen Unterweisungen an sich arbeiten, damit er für diese spirituelle Energie in seinem tiefen Innern empfänglich wird. In einem
wahren Meister-Schüler Verhältnis ist die Verständi-
gung von Herz zu Herz, eine immer tiefergehende innere Vertrautheit und Übereinstimmung auf spiritueller Ebene, sehr wichtig. In dieser Beziehung von Herz
zu Herz besteht die Rolle des Meisters auch darin, den
Schüler in einen Zustand der Ratlosigkeit zu versetzen,
wodurch er ihn veranlaßt, all sein Wissen, all seine
Stützen aufzugeben und sich einer anderen Form der
Erkenntnis zu öffnen.*

Der Prophet Mohammed und einer seiner Schüler wurden von Feinden in der Wüste verfolgt. Sie versteckten sich hinter einem Felsen. Als sie von Ferne das Geräusch vieler galoppierender Pferde hörten, sagte sein Schüler: „Oh Prophet, sie sind viele. Eine ganze Armee scheint hinter uns her zu sein." „Och, sie werden bestimmt in eine andere Richtung abbiegen. Ich glaube nicht, daß sie hierherkommen", sagte Mohammed. „Doch was sollen wir tun, wenn sie hierher kommen? Sie sind so viele, und wir sind nur zu zweit?" Der Prophet erwiderte: „Sind wir nur zu zweit? Nein, zu dritt: du und ich und Gott."

Der Prophet Mohammed lehrte einem Schüler eine spirituelle Praxis, wodurch dieser Ekstase erfuhr. Einige Tage danach kam dieser und brachte dem Propheten Früchte und Blumen und bedankte sich sehr. Er sagte: „Was Ihr mich gelehrt habt, war von großem Wert für mich und hat mir solche Freude gebracht. Meine Gebete, die gewöhnlich nur wenige Minuten dauerten, währen jetzt den ganzen Tag." Mohammed antwortete: „Es freut mich, daß dir diese Unterweisung gefallen hat, doch höre bitte von heute an mit dieser Praxis auf."

Die Schüler des Propheten erzählten in seiner Anwesenheit von einem Mann, den sie als außerordentlich fromm erachteten, und lobten ihn über die Maßen. Da kam der Mann selbst herein. Sein Antlitz troff noch vom Wasser der Waschung, er trug seine Sandalen in der Hand, und seine Stirn zeugte davon, daß er auf sei-

nem Gesicht gelegen und gebetet hatte. Dem Propheten wurde zugeflüstert: „Das ist der Mann, von dem
wir sprachen." „Hm, ich sehe ein Teufelszeichen auf
seinem Gesicht", sagte der Prophet, und als der Mann
sich niedersetzte, fragte ihn der Prophet: „Ich be-
schwöre dich bei Gott, daß du mir aufrichtig antwor-
test. Dachtest du nicht in deinem Herzen, als du zu uns
kamst, daß du der Beste von allen bist?" Und der Mann
gestand ein, daß er genau diesen Gedanken gehegt
habe.

Der Prophet Mohammed traf an der Kaaba einen Beduinen, dessen einfache Frömmigkeit einen tiefen Ein-
druck auf ihn machte. Während sie sich unterhielten,
ließ Gott durch den Engel Gabriel dem Propheten sagen:
„Sage zu dem Beduinen: Dein Vertrauen auf meine
Gnade und Milde helfen dir nicht, denn morgen werde
ich Rechenschaft von dir fordern über Großes und Kleines, bis zur Bastschnur und zum Schuhriemen." Da
fragte der Beduine: „Wird mein Herr wirklich mit mir
Abrechnung halten?" Der Prophet antwortete: „Gewiß
wird er Abrechnung mit dir halten, wenn es sein Wille
ist." Der einfache Mann entgegnete: „Bei seiner Macht
und Majestät, wenn mein Herr mit mir Abrechnung
über meine Sünden hält, so werde ich mit ihm Abrechnung über seine Vergebung halten. Wenn er mit mir wegen meiner Habgier abrechnet, so werde ich mit ihm
über seine Freigebigkeit abrechnen." Als Mohammed
diese Worte hörte, weinte er so sehr, daß sein Bart naß
wurde. Da kam Gabriel mit einem Gruß von Gott
herab: „Weine nicht Mohammed. Die Engel, die meinen

Thron tragen, vergaßen vor lauter Freude eine Weile ihren Lobgesang. Sage deinem Bruder, dem Beduinen, er solle nicht mit mir Abrechnung halten, dann werde ich auch nicht mit ihm abrechnen."

Zu Meister Du'n-Nun kam einmal ein junger Mann, der dem Meister vorhielt, daß die Sufis in vielen Dingen unrecht hätten und vom wahren Weg des Islam abwichen. Der Meister erwiderte darauf nichts, sondern streifte einen Ring von seinem Finger, reichte ihn dem jungen Mann und sagte: „Gehe mit diesem Ring auf den Markt und frage die Marktleute, was er ihnen wert ist. Verkaufe ihn aber auf keinen Fall, merke dir nur das höchste Gebot." Der Junge wunderte sich ein wenig, folgte aber der Aufforderung Du'n-Nuns und kam einige Zeit später mit der Nachricht zurück, daß niemand mehr als wenige Silbertaler dafür geboten hätte. „Dies ist bei weitem nicht genug", sagte der Meister und schickte ihn zu einem Goldschmied. Dieser bot tausend Goldstücke für den Ring. Als Du'n-Nun dies hörte, sagte er zu dem jungen Mann: „Der Goldschmied hat den wirklichen Wert des Ringes erfaßt. Wie die Marktleute nichts von Schmuck verstehen, so verstehst du nichts vom Weg der Sufis. Wenn du seinen wirklichen Wert erfassen willst, mußt du ein Praktizierender der Wahrheit, ein Goldschmied des Weges werden."

Ein Mann, der sehr von sich und seiner eigenen Gelehrsamkeit eingenommen war, hatte gehört, daß der Meister Du'n-Nun in Ägypten den höchsten Namen Gottes kannte. Da er begierig war, seine Gelehrsamkeit sozusagen durch die Kenntnis dieses Namens zu vollenden, brach er von seinem Wohnort Mekka nach Ägypten auf. Doch wurde er vom Meister, der sonst zu allen gütig und liebenswürdig war, wegen seiner Selbstherrlichkeit nicht besonders freundlich empfangen. Als der Fremdling aber aus der Disputation mit einem Theologen als Sieger hervorging, begann der Meister ihn zu akzeptieren und schien ihn nach einer Weile mehr zu beachten als seine übrigen Schüler.

Nach einem Jahr hielt der Mann die Zeit für gekommen, Meister Du'n-Nun nach dem verborgenen höchsten Namen Gottes zu fragen. Doch als Antwort erhielt er nur Schweigen. Sechs Monate später schickte der Meister ihn mit einer Schale, die mit einem Deckel zugedeckt und in ein Stofftuch eingehüllt war, zu einem Freund in der Nachbarstadt und bat ihn, dieses Geschenk mit den besten Grüßen unversehrt zu überreichen. Unterwegs dachte der Gelehrte: „Du'n-Nun schickt eine Gabe an seinen Freund, doch die Schale ist so merkwürdig leicht. Ich will doch einmal schauen, was darin verborgen ist." Und so hielt er an, löste das Tuch und hob den Deckel. Da sprang eine Ratte aus der Schale und lief davon. Der Mann wurde ärgerlich, weil er dachte, daß Du'n-Nun ihn zum Narren machen wollte und kehrte schnurstracks um. Als der Meister ihn sah, verstand er sofort, was geschehen war, und sagte: „Du Tor, du hast mich schon betrogen, wo ich dir nur eine Ratte anvertraut habe. Wie könnte ich dir da den höchsten verborgenen Namen Gottes anvertrauen. Geh deiner Wege, ich will dich nicht mehr sehen."

Eines Tages erhielt Meister Bahaudin Besuch von einem Mann, der ihm erzählte: „Ich habe viele Philosophien und spirituelle Wege studiert und von vielen Lehrern Unterweisungen gehört und praktische Anleitung erhalten, und doch habe ich kein wahres Wissen erlangt und fühle mich unglücklich und unzufrieden. Die Leute haben mir gesagt, daß Ihr ein großer Meister seid, und so bin ich zu Euch gekommen, um Euch um Unterweisung im wahren Wissen zu bitten." Der Meister sagte nur: „Gut, gut. Kommt morgen abend zu mir zum Essen, dann werden wir weitersehen."

Als der Gast am nächsten Abend eintraf, hatte Bahaudin eine große Tafel mit nahezu fünfzig verschiedenen Speisen und exotischen Getränken bereitgestellt. Der Mann war beeindruckt und fühlte sich sehr geehrt, als ihn der Meister mit ausgesuchter Höflichkeit bediente und dazu noch jede Speise und jedes Getränk, das er ihm servierte, so pries, als gäbe es nichts Besseres auf der Welt. Und wirklich, alles war exzellent. Nach einer guten Weile jedoch war der Magen des Gastes voll, und er hätte am liebsten angehalten, traute sich aber aus Höflichkeit nicht, dem Meister Einhalt zu gebieten. Dieser schien so in Fahrt, daß er dem Gast erst seine Ruhe ließ, als alle Speisen und Getränke durchprobiert waren. Der Mann fühlte sich übervoll und hatte nur noch den einen Wunsch, heimzugehen und sich auszuschlafen. Er verabschiedete sich, und Bahaudin sagte ihm: „Leider haben wir heute abend keine Zeit gefunden, um über spirituelle Dinge zu reden. So kommt doch morgen nachmittag zum Tee, dann werden wir weitersehen." Der Mann war einverstanden.

Wie er bei sich angekommen war, legte er sich so-

gleich ins Bett, konnte aber nicht einschlafen. Als er endlich eingenickt war, wurde er plötzlich von starken
Krämpfen im Unterleib geweckt. Er sprang auf, um aufs
Klo zu rennen. Doch war es schon zu spät, es gab einen
großen Knall, und er hatte sich kräftig die Hosen vollge-
macht. Magen und Darm waren in großem Aufruhr, ihm
war speiübel, und Essen und Trinken kamen ihm unten
und oben gleichzeitig heraus. Die ganze Nacht verbrachte er auf dem Klo und fand erst gegen Morgen Ruhe.

Bleich und übernächtigt schaute er zum Nachmit-
tagstee bei Bahaudin vorbei. Dieser fragte ihn: „Was ist
denn mit Euch, geht es Euch nicht gut?" Der Mann erwiderte: „Das viele Essen und Trinken ist mir nicht be-
kommen. Die ganze Nacht über habe ich starken
Durchfall gehabt und kein Auge zugetan. Ich kam in der
Hoffnung zu Euch, wahres Wissen zu erhalten, doch
statt dessen habe ich mir starken Durchfall geholt." Der
Meister belehrte ihn darauf: „Wie es Euch mit dem Essen ergangen ist, so ergeht es Euch auch mit Eurer spirituellen Suche. Ihr habt zu viele Kurse besucht, zu viele
Philosophien studiert und zu viele Meister konsultiert
und könnt dieses Wissen nicht verdauen. Jemand, der
sich mit zu viel nutzlosem Wissen anfüllt, ist nicht länger offen für Erfahrung. Ihr müßt Euch von all diesem
überflüssigen Wissen befreien, dann kann ich Euch zeigen, wie man die Wahrheit erfährt."

Als Dschunaid ein junger Gottsucher war, wollte er in
der Einsamkeit leben. Doch sein Lehrer Muhasibi
wollte nicht, daß er ein geistiger Eigenbrötler würde,
und so ließ er ihn nicht gehen. Dschunaid klagte: „Mei-

ster, Ihr haltet mich davon ab, in der Einsamkeit vertrauten Umgang mit Gott zu pflegen, und zwingt mich, in der Welt unter Menschen zu sein, bei denen ich mich fremd fühle." Der Meister antwortete ihm: „Wie oft willst du mir noch mit deiner Einsamkeit in den Ohren liegen. Selbst wenn die halbe Menschheit um mich wäre, würde ich mich weder fremd noch vertraut fühlen. Und auch wenn mich alle verließen, wäre ich nicht einsam."

Ein stolzer Höfling mit Namen Schibli kam zu Meister Dschunaid und sagte: „Ich habe gehört, daß Ihr göttliches Wissen besitzt. Gebt oder verkauft es mir."

Der Meister antwortete: „Ich kann es dir nicht verkaufen, da es keinen Preis hat, und kann es dir nicht geben, da es dann zu billig wäre. Willst du die kostbare Perle erlangen, so mußt du, so wie ich es getan habe, selbst ins Wasser eintauchen." „Was soll ich denn tun?" fragte Schibli. „Geh und werde ein Sulfurverkäufer." Und nach einem Jahr sagte der Meister zu ihm: „Nun bist du ein erfolgreicher Kaufmann. Jetzt werde ein wandernder Derwisch, der nur vom Betteln lebt." Schibli verbrachte ein Jahr als bettelnder Derwisch in den Straßen von Bagdad. Dann kam er zurück zu Meister Dschunaid, und der sagte ihm: „Jetzt zählst du im Ansehen der Menschen gar nichts mehr, laß sie auch in deinem Ansehen nichts sein. Kehre nun in die Provinz zurück, wo du als Statthalter geherrscht hast, und entschuldige dich bei jeder Person, die du unterdrückt hast, und bitte sie um Vergebung." Schibli ging und entschuldigte sich bei jedem Menschen, wo er sich erinnerte, daß er ihm Unrecht getan hatte. Nur einen fand er nicht. Als er zum Meister zurückgekehrt war, fand dieser, daß er sich immer noch zu wichtig nahm, und schickte ihn ein weiteres Jahr zum Betteln. Doch diesmal mußte er das Geld, das er tagsüber erbettelte, am Abend zum Meister bringen, der es dann den Armen gab. Schibli selbst erhielt erst am anderen Morgen etwas zu essen. Nach diesem Jahr wurde er in den Schülerkreis aufgenommen und verbrachte ein Jahr als Diener der anderen Schüler. Als dieses Jahr vorüber war, war auch die letzte Spur von Stolz weggewischt.

Schibli wurde selbst ein großer Meister. Den Leuten erschien er jedoch in seinem Gebaren und Reden häufig unverständlich, und manche hielten ihn gar für verrückt. Diesen sagte er: „Eurer Ansicht nach bin ich verrückt. Meiner Ansicht nach seid ihr alle gesund. Und so bete ich, daß meine Verrücktheit zunimmt und daß eure Gesundheit zunimmt. Meine Verrücktheit entspringt der Macht der Liebe. Eure Gesundheit beruht auf eurem starken Mangel an Gewahrsein."

Ein Mann machte Meister Bahaudin seine Aufwartung und bat ihn: „Bitte helft mir in der Bewältigung meiner Probleme und führt mich auf den Weg der Wahrheit." Bahaudin erwiderte barsch: „Es ist das beste, wenn Ihr alle religiösen Studien aufgebt und sofort mein Haus verlaßt." Der Mann erbleichte und verließ zutiefst getroffen das Haus. Ein Besucher, der bei dem Vorfall anwesend war, hielt dem Meister vor: „War dies nicht eine allzu harte Behandlung? Womit hat sich dieser ehrbare Mann solche Abweisung verdient?"

In diesem Augenblick verirrte sich ein Vogel ins Zimmer und flatterte hin und her. Bahaudin sagte zu dem Gast: „Schau, hier haben wir die Antwort auf deine Frage." Dann saß er schweigend da und wartete. Als der aufgeregte Vogel sich in der Nähe des offenen Fensters niederließ, schlug er plötzlich die Hände zusammen, und der Vogel flog geradewegs in die Freiheit hinaus. Der Meister lächelte seinen Bekannten an: „Für den Vogel war das Klatschen meiner Hände sicherlich ein großer Schreck, nicht wahr? Aber hat dieser Schreck ihm nicht auf dem schnellsten Weg in die Freiheit verholfen?"

Meister Dschunaid weilte einst im Hause eines Mulla zu Gast, und dieser wunderte sich, daß der Meister ihn niemals zu den täglichen Gebetspflichten eines Muslim in die Moschee begleitete. Mehrmals lud er ihn ein, doch Dschunaid lächelte nur und blieb im Hause. Eines Tages nun war ein großer religiöser Feiertag, und der Mulla drängte den Meister sehr, mit ihm gemeinsam in der Moschee zu beten. Dschunaid, der immer in der Liebe Gottes eingetaucht und für den jeder Augenblick Gebet war, erwiderte: „Da alle Orte für mich gleich sind, macht es keinen Unterschied, ob ich hier oder dort bin. Gut, ich werde mit dir gemeinsam beten, wenn du mir versprichst, daß du auch wirklich in der Moschee betest." Der Mulla verstand nicht, worauf der Meister hinauswollte, und sagte: „Natürlich bete ich dort. Täglich gehe ich fünfmal in die Moschee, um dort zu beten und nichts anderes."

Die Moschee war an diesem Tage übervoll. Der

Mulla stand mit Meister Dschunaid in der ersten Reihe. Der Gebetsruf ertönte. Als sich alle niederwarfen, blieb Dschunaid stehen und begann mit lauter Stimme zu muhen und muhte immer lauter und in kürzeren Abständen, so daß es klang, als wäre eine ganze Herde Kühe in der Moschee versammelt. Dem Mulla war dies sichtlich peinlich. Ihn reute es sehr, daß er diesen verrückten Alten zum gemeinsamen Gebet überredet hatte, und er wies ihn am Ende zurecht: „Du hast das Gebet der ganzen Gemeinde gestört. Ist dir denn jeglicher gesunder Menschenverstand abhanden gekommen!" Meister Dschunaid erwiderte lächelnd: „Habe ich dir nicht gesagt, daß ich mit dir gemeinsam beten werde. Was kann ich dafür, daß du während des Gebetes nicht an Allah, sondern an Kühe gedacht hast." Da lief der Mulla schamrot an, denn er hatte tatsächlich an Kühe gedacht. Seit langer Zeit wünschte er sich schon eine Milchkuh, hatte aber nie das nötige Geld dafür gehabt. Da er sich vom heutigen Gebetstag eine große Summe Geldes erwartete, war er in Gedanken noch einmal auf den Viehmarkt gegangen und hatte sich von den Kühen, die er dort bereits angeschaut hatte, die beste ausgesucht. „Vergib mir", sagte er kleinlaut, „ich habe nur äußerlich gebetet, in meinen Gedanken jedoch war ich auf dem Viehmarkt."

Ein Meister begab sich auf die Reise, um alte Freunde des Sufi-Weges zu besuchen, und hatte einen seiner Schüler als Begleitung und Hilfe mitgenommen. Eines Tages wurden sie, als sie eine Straße entlangwanderten, von einem wütenden Hund angebellt. Der Schüler war erbost und schrie den Hund an: „Wie kannst du es wagen, meinen Meister so anzukläffen!" „Er ist folgerichtiger als du bist", sagte der Meister. „Wieso ist er folgerichtiger als ich, was habe ich mit einem Hund gemein?" wunderte sich der Schüler. „Dieser Hund behandelt alle gleich und bellt ohne Unterschied jeden an, der vorbeikommt. Dies ist die Macht seiner Gewohnheit und seines Triebes. Du hingegen hast es dir zur Gewohnheit gemacht, einzig mich als deinen Meister zu betrachten. Bei den weisen Meistern, denen wir schon während dieser Reise begegnet sind, hast du dich dagegen recht abweisend verhalten und warst völlig unempfänglich für den Segen ihrer geistigen Kraft. Lerne, deinen Meister in allen Lehrern zu sehen."

Meister El-Hiri wurde von einem Reichen, der mit ihm über den Weg der Sufis reden wollte, zum Essen eingeladen. Wie es sich ergab, stand der verwöhnte Mann an dem Tag des Besuches mit dem Leben auf Kriegsfuß und reagierte, als die Diener El-Hiri hereinbrachten, äußerst ungehalten: „Nein, heute nicht. Geh wieder, geh mir aus den Augen!" Meister El-Hiri drehte sich gelassen um und ging, ohne eine Miene zu verziehen. Doch bevor er das Zimmer verlassen hatte, rief der Reiche: „Nein, verzeiht mir, kommt bitte zurück!" Und der Meister kam ruhigen Schrittes zurück. Die Ruhe und Gelassenheit des Meisters erweckten den Mutwillen des Mannes, und er dachte bei sich: „Wie reagiert er wohl, wenn ich ihn hin- und herschicke, wird er dann auch noch so gelassen bleiben?" Und er schickte den Meister wieder fort, und dann rief er ihn zurück, nur um

ihn wieder fortzuschicken und dann wieder zurückzu-
rufen. Dies wiederholte er viele Male, bis er überwältigt
von der Geduld und Sanftmut seines Gastes innerlich
zusammenbrach. Sein ganzer Hoch- und Unmut fiel
von ihm ab, und er begann zu weinen und weinte, wie
er noch nie zuvor in seinem Leben geweint hatte. Er fiel
El-Hiri zu Füßen und bat: „Bitte Meister, vergebt mir
meine Arroganz." El-Hiri erwiderte: „Du verstehst
mein Verhalten nicht richtig. Ich habe nichts anderes
getan, als was ein trainierter Hund auch tun würde.
Wenn du ihn rufst, kommt er. Wenn du ihn fort-
schickst, geht er. So ein Verhalten zu lernen ist nicht
besonders schwierig. Mit dem Weg der Sufis hat dies jedoch nichts zu tun."

Ein Mann kam zu einem Meister und sagte: „Ich
möchte gern Euer Schüler werden." Und der Meister
antwortete: „Ja, ich bin sehr glücklich darüber." Dies
überraschte den Mann, denn er hatte gedacht, daß er
aufgrund seiner vielen Fehler bestimmt nicht angenommen würde. Darum sagte er: „Aber ich frage mich, ob
Ihr wißt, wie viele Fehler ich habe." Der Meister lachte:
„Ja, ich kenne bereits deine Fehler, doch ich nehme dich
trotzdem als Schüler an." „Aber ich habe sehr
schlimme Fehler. Ich spiele sehr gern, und ich betrinke
mich öfter mal." „Ah, das macht nichts." „Aber ich
habe noch viele andere Fehler", sagte der Mann. Der
Meister entgegnete: „Das stört mich nicht. Doch jetzt,
wo ich alle deine Fehler akzeptiert habe, mußt du eine
Bedingung von deinem Lehrer akzeptieren." Da der
Mann bereitwillig zustimmte, fuhr der Meister fort:

„Du magst dich deinen Fehlern hingeben, doch nicht in meiner Gegenwart. Nur soviel Respekt solltest du deinem Lehrer gegenüber bewahren." Dieser Vorschlag gefiel dem Schüler sehr, und er ging glücklich nach Hause.

Als er jedoch das nächste Mal zum Spielen ging, sah er das Gesicht seines Meisters vor sich, und er konnte nicht spielen. Und wie er sich mal wieder betrinken wollte, erging es ihm genauso, und er ließ davon ab. Immer wenn er einen seiner Fehler begehen wollte, sah er das Gesicht des Meisters vor sich. Nach einer Weile kehrte er zu seinem Lehrer zurück, und der fragte ihn lächelnd: „Na, hast du irgendeinen Fehler begangen?" Er antwortete: „Oh nein, es ging nicht! Immer wenn ich einen meiner üblichen Fehler begehen will, verfolgt mich mein Meister."

Es war ein König, der wollte einem vorüberziehenden Derwisch einen Wunsch erfüllen. Der Derwisch willigte schließlich ein und wünschte, daß ihm seine Schale mit Goldmünzen gefüllt würde. Der König sagte: „Nichts leichter als das." Und er begann die Goldmünzen einzufüllen. Doch die Tasse wurde nicht voll, je mehr Münzen hineingesteckt wurden, desto leerer schien sie zu werden. Der König war schon ganz entmutigt, und der Derwisch sagte zu ihm: „Eure Majestät, wenn Ihr diese kleine Schale nicht füllen könnt, müßt Ihr es nur sagen. Dann nehme ich meine Schale zurück und gehe. Nur ist es schade, daß Ihr dann Euer Wort nicht gehalten habt." Und der König ließ alles Gold bringen und große Schätze, doch all sein Besitz konnte die Schale des Derwischs nicht füllen. Schließlich gab der König auf und fragte den Derwisch: „Sagt mir, was ist das Geheimnis dieser Schale?" Und der Derwisch antwortete: „Diese Schale ist das menschliche Herz, das niemals zufrieden ist, was man ihm auch gibt, sei es Wohlstand, Wissen, Ruhm, Liebe. Was auch immer man hineinsteckt, es wird nicht voll werden, denn es ist nicht dazu bestimmt, gefüllt zu werden. Doch da der Mensch dieses Geheimnis des Lebens nicht kennt, ist er ständig auf der Suche, ohne daß er jemals Erfüllung erlangt."

Eines Tages sagte der Kaiser Akbar zu seinem ersten Sänger am Hofe: „Ihr seid so ein wunderbarer und großer Sänger, Tansen, daß ich mich frage, wie groß Euer Lehrer war." „Bitte, vergleicht mich nicht mit meinem Lehrer. Er ist jenseits aller Vergleiche", erwiderte Tansen. „Lebt Euer Lehrer denn noch?" fragte der Kaiser. „Ja, er lebt noch. Aber man kann sagen, daß er ein gestorbener Lebender ist", sagte Tansen. „Ich würde ihn gerne hören. Wo können wir ihn finden?" fragte Akbar. Doch Tansen meinte: „Ich glaube nicht, daß mein Meister vor einem Kaiser singen wird." „Dann werde ich mich als Euer Diener verkleiden." „In so einem Falle könnten wir vielleicht Glück haben", sagte Tansen.

Akbar und Tansen brachen gemeinsam zu einer langen Suche auf und fanden schließlich den Meister in der Einsamkeit der Berge. Der Meister erkannte den Kaiser trotz seiner Verkleidung als Diener, doch da ihm dessen bescheidene Haltung gefiel, fand er sich bereit, vor ihnen zu singen. Beide waren von dem Gesang so bezaubert, daß sie für eine Weile ihr Körperbewußtsein verloren. Als sie wieder zu sich kamen, sahen sie, daß der

Weise nicht mehr da war. „Wohin ist er gegangen?"
fragte Akbar. Tansen antwortete: „Er hat diesen Platz
für immer verlassen, weil er fürchtet, daß wir wieder
kommen könnten."

Die beiden kehrten in den Palast zurück. Doch im
Herzen des Kaisers war von dieser Musik ein Stachel der
Sehnsucht zurückgeblieben, und eines Tages sagte er zu
Tansen: „Ich fühle so eine Sehnsucht, ihn wieder zu
hören." „Wir werden ihn niemals wiederfinden, wo er
jetzt diesen Platz verlassen hat", erwiderte dieser. Doch
Akbar fragte: „Aber ich fühle mich so ruhelos und sehne
mich so sehr danach, diese Stimme wieder zu hören.
Kannst du nicht für mich diesen Gesang singen, den er
gesungen hat?" Tansen nickte und begann zu singen.
Als er geendet hatte, sagte der Kaiser: „Es war schön,
doch ist es nicht dasselbe. Warum ist das so?" Tansen
fühlte sich verletzt und erwiderte: „Das ist deshalb so,
weil ich vor Euch singe. Mein Meister jedoch singt vor
Gott."

Durch dieses Geschehnis erkannte Tansen seinen eigenen Fehler. Er verließ den Hof, wanderte für den Rest
seines Lebens durchs Land und führte ein der Meditation gewidmetes, unabhängiges Leben.

Eines Tages kam in den Palast des Sultans Omar
Khayam ein wandernder Derwisch. Der Sultan saß ge-
rade auf seinem Thron und fragte den heiligen Mann:
„Was führt Euch zu mir?"

„Ich bin gekommen, um Euch zu fragen, ob ich hier
in Eurer Karawanserei die Nacht verbringen kann?"
sagte der Weise.

„Wie könnt Ihr es wagen, meinen Palast eine Karawanserei zu nennen!" empörte sich der Sultan.

„Ärgert Euch nicht, Eure Majestät. Sagt mir, wem gehörte der Palast vor Euch?"

„Meinem Vater natürlich."

„Und wo ist Euer Vater jetzt."

„Er ist bereits gestorben."

„Und wem gehörte der Palast vor Eurem Vater?"

„Dem Vater meines Vaters."

„Und wo ist der Vater Eures Vaters jetzt?"

„Er ist schon seit langem tot."

„Nun, ist es da verwunderlich, daß ich Euren Palast eine Karawanserei nenne. All Eure Vorfahren blieben eine Weile hier und zogen dann weiter, und auch Ihr werdet nur für eine kurze Weile hier bleiben und dann weiterziehen. Werden nicht die Häuser, wo man nur eine Weile zur Rast bleibt, um dann weiterzuziehen, Karawanserei genannt?"

Der Sultan nickte nachdenklich, da ihm durch die Worte des Derwischs plötzlich die Flüchtigkeit des menschlichen Daseins bewußt geworden war.

Zu Meister Rewgari kam ein Mann, der unbedingt als sein Schüler aufgenommen werden wollte. Der Meister sprach mit ihm über sein Leben und seine Probleme und sandte ihn dann mit den Worten fort, daß er bald Antwort erhalten würde. Als der Mann gegangen war, rief er einen seiner älteren Schüler zu sich, der einen gutgehenden Handel unterhielt, und bat ihn, diesem Mann eine sichere und gut bezahlte Stelle in seinem Geschäft anzubieten. Der Schüler tat, wie ihm geheißen worden

161

war, und der Mann nahm glücklich diese Arbeit an. Kurze Zeit darauf schrieb der frisch Eingestellte dem Meister, daß er seine Bitte um Schülerschaft wieder rückgängig machen möchte, da er jetzt eine ausgezeichnete Position bei einem der größten Kaufleute der Stadt erhalten habe und im Interesse seiner Familie all seine Zeit dort hineinstecken müsse. Der Weise sagte darauf: „Ich sah, daß er einer der vielen ist, die zwar aus Enttäuschung am Leben kommen, aber noch nicht ernsthafte Sucher der Wahrheit sind."

Meister Dschunaid war an Fieber erkrankt. Ein Schüler kam ihn besuchen und fragte ihn: „Meister, willst du nicht Gott bitten, daß er dich wieder gesund macht?" Der aber antwortete: „Vorige Nacht war ich im Begriff, dies zu tun, doch dann flüsterte eine Stimme in meinem Herzen: ‚Dieser Körper gehört ja mir. Ich lasse es ihm gut oder schlecht gehen, wie ich es will. Wer bist du denn, daß du dich um mein Eigentum bekümmern wolltest.' Und da ließ ich es sein."

Als der Meister Schamseddin von Täbriz einmal in das Haus seines Schülers Rumi kam, der ein angesehener Gelehrter und Theologe war, arbeitete dieser gerade an einem Manuskript. Schamseddin nahm sogleich das Manuskript und warf es fort: „Hast du nicht bereits genug studiert und gelesen? Studiere jetzt das Leben anstelle von Büchern." Rumi schaute ihn verwundert an. Und Schamseddin erklärte: „All diese Dinge, die so wichtig scheinen, welche Bedeutung haben sie an dem

Tag, wo du sterben mußt? Was bedeuten Gelehrtsein, Ansehen und eine gute Stellung dann? Was wirst du mitnehmen können? Wenn du diese Frage wirklich löst, wird sie dich in die Ewigkeit führen. Die Probleme dieser Welt, ob du sie nun klärst oder nicht, nehmen niemals ein Ende. Darum frage dich aufrichtig, was du von Gott und vom Menschen wahrhaftig verstanden hast." Diese Worte trafen Rumi mitten ins Herz und brachten ihn wirklich auf den Weg zu Gott.

Ein Meister und seine Schüler waren auf dem Weg zur Stadt. Unterwegs kamen sie zu einem Bauernhaus, wo sie mit großer Freude empfangen wurden und ein Essen für sie vorbereitet war. Nun hatten aber Meister und Schüler gemeinsam das Fastengelöbnis genommen, und als sie zu Tisch gebeten wurden, zögerten die Schüler, sich zu setzen, und schauten auf ihren Meister. Doch der setzte sich an den Tisch als wenn nichts wäre, und so aßen sie gemeinsam das vorzügliche Mahl.

Als sie die Bauernfamilie verlassen hatten und wieder auf dem Wege zur Stadt waren, fragten die Schüler ihren Meister: „Habt Ihr unser Fastengelöbnis vergessen, Meister?" „Nein, ich habe es nicht vergessen", antwortete dieser. „Doch ich zog es vor, das Fastengelöbnis zu brechen als das Herz unserer Gastgeber, die mit so großer Sorgfalt ein Essen für uns bereitet hatten."

Hazrat Bastami, ein großer Sufimeister Indiens, begab sich, als er noch jung war, auf Pilgerreise nach Mekka. Unterwegs begegnete er einem wandernden Derwisch, der ein Meister mit tiefer Verwirklichung zu sein schien. Bastami suchte ein Gespräch mit ihm, und der Derwisch fragte ihn: „Wohin gehst du?" „Ich mache eine Pilgerfahrt nach Mekka." „Warum?" „Weil ich auf der Suche nach Gott bin." „Warum suchst du Gott in Mekka? Du wirst den heiligen Stein umkreisen, und was wirst du erlangen? Ich will dir ein Geheimnis verraten. Gott wohnt nicht in Mekka und hat seit seiner Erbauung auch nie dort gewohnt. Gott hat das menschliche Herz, dein Herz, seitdem du geboren wurdest, nie verlassen. Darum geh nach Hause und meditiere."

Ein einfacher alter Mann, der allein umherwanderte, war lange Zeit Schüler bei einem Meister gewesen, der inzwischen verstorben war. Eines Tages traf er einen Hellseher unterwegs, der ihn fragte, ob er einen Führer auf dem Weg habe. Und der alte Mann erwiderte: „Ja, doch mein Meister hat seine irdische Hülle bereits verlassen. Als er lebte, habe ich mich eine ganze Weile seiner gütigen Führung erfreut." Der Hellseher sagte: „Ich sehe mit meiner Hellsichtigkeit, daß dein verstorbener Lehrer nicht ein wahrer Meister war." Dies erschütterte den einfachen Mann überhaupt nicht. Er erwiderte freundlich ohne jeglichen Ärger: „Mein Lehrer mag kein wahrer Meister gewesen sein, doch mein Vertrauen war echt und aufrichtig, und das ist das Wichtigste."

Ein großer Gelehrter der islamischen Theologie, der den Koran auswendig konnte und alle Quellen der göttlichen Weisheit studiert hatte, war dennoch in seiner

Suche nach der Wahrheit nicht befriedigt und fühlte sich von Tag zu Tag innerlich immer leerer. Als er Freunden davon erzählte, rieten sie ihm, die Versammlungen von Sufimeistern aufzusuchen. Doch bei allen Meistern fand er, daß sie nur Theorien vortrugen, die ihm genausowenig halfen wie seine eigenen theoretischen Einsichten. Schließlich erzählten Freunde ihm von einem großen Meister und sagten: „Wenn dieser Meister dir nicht helfen kann, dann kann dir niemand helfen." Und so begab er sich auf die weite Reise zu diesem Meister. Als er im Hause des Meisters vorsprach, wurde er in den Teeraum gebeten. Doch der Meister schickte zuerst einen seiner engsten Schüler zu ihm. Dieser begrüßte den Mann höflich, schenkte ihm schweigend Tee ein und sagte, als er den Gast aufmerksam angeschaut hatte: „Sie scheinen leer und ausgebrannt zu sein, nur noch ein Schatten Ihrer selbst." Der Gelehrte war bestürzt. Dies war das erste Mal, daß jemand, ohne mit ihm zu diskutieren, direkt sein Problem angesprochen hatte. Er antwortete: „Ja, Sie haben recht, ich fühle mich wie jemand, der durch den leeren Raum fällt und nichts findet, woran er einen Halt hat. Bitte helft mir, daß ich mich von meiner innerlichen Leere befreien kann." Der Schüler des Meisters sagte daraufhin: „Ihr habt bisher ausschließlich in Büchern und Worten nach der Wahrhheit gesucht, aber nicht die Quelle der Wahrheit in Euch gefunden, die die Worte übersteigt und wahre Zufriedenheit gibt. Wir wachsen in der Abgeschiedenheit des Mutterschoßes heran, bevor wir geboren werden; die Küken in der Abgeschiedenheit des Eis, bevor sie schlüpfen; die Getreidekörner in der Erde, bevor sie keimen und sprießen. Das ganze

Universum war in Abgeschiedenheit, bis der Allmächtige es ins Sein gerufen hat. Alles, was sprießt, wächst und erblüht, befindet sich zuvor eine Zeitlang in Abgeschiedenheit. Und so müßt auch Ihr eine Weile in Abgeschiedenheit beten und meditieren, dann werdet ihr sicherlich einen Geschmack des göttlichen Wassers der Weisheit erhalten und von Euren Problemen befreit werden." Bei diesen Worten betrat der Meister den Raum und sagte zu seinem Schüler: „Du hast deine Aufgabe gut erfüllt, jetzt magst du gehen." Der Meister unterhielt sich eine Weile mit dem Mann und riet ihm dann, sich drei Monate zu Gebet und Meditation in die Einsamkeit zurückzuziehen. Der Gelehrte folgte dem Rat des Meisters, und er verwandelte sich bereits innerhalb dieser kurzen Zeit in einen völlig neuen Menschen.

Ein Schüler sagte einmal zu seinem Meister, wie sehr er sich wünsche, den Himmel und die Hölle zu sehen. Der Meister sagte zu ihm: „Schließe deine Augen, und du wirst sie sehen. Konzentriere dich zuerst auf den Himmel." Und der Schüler schloß die Augen und konzentrierte sich. Nach einer kleinen Weile sagte der Lehrer: „Konzentriere dich jetzt auf die Hölle." Und der Schüler konzentrierte sich auf die Hölle. „Nun öffne die Augen und sage mir, was du gesehen hast." Und der Schüler sagte: „Ich habe im Himmel gar kein Paradies mit wunderschönen Pflanzen und Blumen, Juwelen und Edelsteinen gefunden. Und in der Hölle hatte ich Feuerkessel und gequälte Menschen erwartet, aber sie war leer. Ich habe überhaupt nichts gesehen. Habe ich denn wirklich Himmel und Hölle gesehen?" Der Meister antwortete: „Gewiß hast du Himmel und Hölle gesehen, doch die Edelsteine und Blumen des Paradieses und die Feuerkessel und Qualen der Hölle, die mußt du selber mitbringen, die erhältst du dort nicht."

Der Meister Haruni in Indien hatte Tausende von Schülern. Selbst die angesehensten Philosophen und Gelehrten seiner Zeit bekannten sich als seine Schüler. Der Meister lehrte hauptsächlich, daß man den allgegenwärtigen, namenlosen und formlosen Gott anbeten solle. Eines Tages jedoch erklärte er vor der versammelten Schülerschaft: „Bis heute habe ich entsprechend unserer Tradition Gott angebetet, doch jetzt fühle ich, daß ich Kali meine Anbetung darbringen sollte." Die Schüler waren entsetzt, daß der Meister, der bisher immer von dem einen form- und namenlosen Gott gesprochen hatte, sich vor dem scheußlichen Antlitz der Kali, der Gottheit der Hindus, niederwerfen wollte. Dies war ein eindeutiger Bruch der Gesetze ihrer eigenen Religion.

Als der Meister nun zum Kali-Tempel aufbrach, folgte ihm niemand, außer einem einzigen jungen Schüler, dessen Hingabe sehr groß war. Haruni sagte zu ihm: „Bleibe lieber bei ihnen, denn sie sind viele, sie haben sicherlich recht." Doch der Schüler folgte ihm unbeirrt. Im Tempel warf sich der Meister in aller Demut vor der Gottheit nieder und verehrte sie. Und sein Schüler folgte seinem Beispiel.

Nachdem der Meister seine Gebete beendet hatte, wandte er sich zu dem jungen Mann und fragte ihn:

„Warum hast du mich nicht verlassen, wo du doch tausend Leute hast fortgehen sehen?" Und der antwortete: „Ihr habt gelehrt, daß nichts außer Gott besteht. Wenn das wahr ist, dann ist das Bild von Kali auch Gott. Warum sollte man dann nicht Gott in der Gestalt von Kali verehren?" Diese Antwort freute den Meister sehr.

Ein Schüler sah einmal seinen Meister Abu Jazid die ganze Nacht in Meditation versunken, und er schien den Dingen der Welt entrückt zu sein. Gegen Morgen bewegte er sich und begann zu beten: „O Gott, es gibt Menschen, die dich suchen, und du schenkst ihnen die Gabe, auf dem Wasser zu gehen oder in der Luft zu wandeln, und sie sind damit zufrieden. Ich bitte dich, bewahre mich davor, ein solcher Mensch zu werden. Es gibt Menschen, die dich suchen, und du gibst ihnen die Gabe, in einem Augenblick über die ganze Erde zu fahren, und sie sind damit zufrieden. Ich bitte dich, bewahre mich davor, ein solcher Mensch zu werden. Und es gibt Menschen, die dich suchen, und du gibst ihnen die verborgenen Schätze der Erde, und sie sind damit zufrieden. Ich bitte dich, bewahre mich davor, ein solcher Mensch zu werden." Und so zählte er mehr als zwanzig solcher Wundergaben auf, die Gott seinen Freunden verleiht. Dann wandte er sich um, gewahrte seinen Schüler und fragte ihn: „Wie lange bist du hier gewesen?" Und der antwortete: „Eine lange Zeit." Da schwieg der Meister. Doch der Schüler drängte ihn: „Herr, erzähle mir etwas von dem, was du erlebt hast." „Gut, ich will dir etwas erzählen, das dir von Nutzen sein kann. Gott führte mich in die untere Sphäre und ließ mich im unterirdischen Reich umherwandern. Er zeigte mir die Welten und was unter ihnen ist. Darauf führte er mich in die höchste Sphäre, und ich bekam die Lustgärten des Paradieses zu sehen und durfte bis vor seinen Thron kommen. Er fragte mich: ‚Bitte mich um etwas von dem, was du gesehen hast, und ich will es dir geben.' Ich aber erwiderte: ‚Herr, ich habe nichts gesehen, das ich so schön gefunden hätte, daß ich dich darum bitten würde.' Da sagte der Herr: ‚Du bist in Wahrheit mein Diener, denn du dienst mir mit aufrichtigem Herzen um meiner selbst willen.'"

In ein Dorf kam ein großer Lehrer, von dem es hieß, daß sich für jeden, der auch nur in seine Nähe käme, die Tore zum Himmel öffnen und er unabhängig von seinen Taten eingelassen würde. Die Bauern waren sehr aufgeregt, und sie suchten ihn alle auf. Nur ein einziger junger Bauer ging nicht hin. Merkwürdigerweise war es der junge Mann, der bereits ein Ansehen als großer Sucher der Wahrheit hatte. Als dies dem Lehrer erzählt wurde, verwunderte er sich und sagte: „Ich werde diesen jungen Mann in seiner Hütte besuchen." Und er ging zu ihm und fragte: „Alle sind zu mir gekommen, warum bist du nicht gekommen? Was hat dich zurückgehalten?" Und der Bauer antwortete: „Eigentlich hat mich nichts abgehalten. Nur, als ich die Rede hörte, daß jeder, der in Eure Gegenwart kommt, in den Himmel gelassen wird, da wollte ich nicht kommen. Denn ich suche diese Zulassung nicht, da ich bereits einen spirituellen Lehrer gehabt habe, der inzwischen verstorben ist. Und ich weiß nicht, ob er im Himmel oder in der Hölle ist. Wenn ich in den Himmel käme und mein Lehrer wäre nicht dort, so würde der Himmel zur Hölle für mich. Ich wäre am liebsten wieder mit meinem Lehrer vereint, ganz gleich, wo er sich auch befindet."

Ein Meister sagte zu einem Mann, der so fromm geworden war, daß er sich nicht mehr von seiner Hände Arbeit ernährte, sondern anderen zur Last fiel: „Es ist deine Pflicht, dich redlich zu versorgen und in all deinen Ausgaben sparsam zu sein. Es ist keine Frömmigkeit, wenn du deine Füße in die Reihen der Betenden stellst, während ein anderer für dich das Brot zerkleinert. Und es wohnt nichts Gutes in dessen Herzen, der fromm zu Hause sitzt, ohne zu arbeiten, aber die ganze Zeit darauf wartet, daß es an die Tür klopft und jemand mit einem Geschenk eintritt. Ich halte es für besser, die Nacht hungernd, aber mit Geld in der Tasche zuzubringen, als gesättigt, aber mit leerem Geldbeutel zur Ruhe zu gehen."

Ein Mann, der in der Theologie und all den äußeren Vorschriften des Islam sehr gelehrt war, kam zu einem Sufimeister, um dessen Schüler zu werden. Der Meister nahm ihn bei sich auf.

Eines Tages sagte er zu dem Gelehrten: „Ich bin ein ungebildeter Mensch, und Ihr seid ein großer Gelehrter der Theologie, bitte erweist mir einen Gefallen. Wenn Ihr in meinen Handlungen irgend etwas wahrnehmt, was nicht mit den äußeren Gesetzen und Gepflogenheiten des Islam übereinstimmt, sagt es mir bitte unter vier Augen, sobald sich eine Gelegenheit dazu ergibt, denn ich möchte unbedingt mit allen Gesetzen und Gepflogenheiten in Übereinstimmung sein."

Der Mann aber antwortete: „Meister, Allah weiß am besten, daß ich gekommen bin, um zu lernen und nicht um zu lehren. Ihr seid mein Meister, ich bin nicht Euer Meister." Über diese Antwort war der Meister hocherfreut.

JUDENTUM

Der Mensch bedarf des Rats, des Beistands, der Aufrichtung, der Rettung. (…) Er bedarf eines Helfers für Leib und Seele zugleich, für Irdisches und Himmlisches in einem. Dieser Helfer wird Zaddik genannt. Er ist ein Heiler auf körperlichem und geistigem Gebiet in einem. (…) Und immer wieder weiß er dich so an der Hand zu führen, bis du dich allein weiterzuwagen vermagst; er tut nichts statt deiner, was du schon selber zu tun erstarkt bist, er nimmt deiner Seele keinen Kampf ab, den sie selber bestehen muß, um ihr besonderes Werk in der Welt zu vollbringen. Dies gilt aber auch für den Umgang der Seele mit Gott. Der Zaddik hat seinen Chassidim den unmittelbaren Umgang mit Gott zu erleichtern, nicht zu ersetzen. Wie er den Chassid in den Stunden des Zweifels stärkt, aber ihm die Wahrheit nicht einflößt, sondern ihm nur hilft, sie zu gewinnen und wiederzugewinnen, so entbindet er in ihm die Kraft des rechten Betens; er leitet ihn an, dem betenden Wort die rechte Richtung zu geben, und er verbindet ermunternd, steigernd, beflügelnd das eigene Gebet mit dem seinen.

Martin Buber

Die folgenden Geschichten entstammen größtenteils der Überlieferung der Chassidim, die vom Meister Baal Schem (1699–1760) ausgehend im osteuropäischen Judentum erblühte. In dieser Bewegung ist die lebendige

Beziehung von Meister und Schüler von besonders großer Wichtigkeit. Der Meister gilt als ein Mensch, der in enger Verbindung zum Göttlichen steht und aus der Inspiration, die er dadurch empfängt, unter den Menschen lebt und für sie wirkt. Mit seiner geistigen Kraft, die er durch tiefgründiges Studium der Lehre und hingabevolles Gebet erlangt, kann er seine Mitmenschen und vor allem seine vertrauensvollen Schüler im Geist festigen und erheben und ihnen helfen, einen tieferen und beglückenderen Sinn in ihrem Leben zu finden. Zwischen Meister und Schüler besteht ein inniges Verhältnis – viele leben in seiner Nähe oder suchen ihn häufig auf. Sie lernen nicht nur von seiner Wiedergabe der Lehre, sondern von seinem ganzen Sein als Mensch. Der Meister erzieht seine Schüler mit all seiner Menschlichkeit, indem er auf die besondere innere Beschaffenheit eines jeden eingeht und die in seinem Geist angelegte Wahrheit erweckt.

Meister Rabban Jochanan war auf einem Esel unterwegs, und sein Schüler Elasar trieb den Esel hinter ihm an. Elasar bat: „Meister, lehre mich einen Abschnitt aus der Mystik des Thronwagens." Doch der Meister antwortete: „Habe ich es nicht bereits gelehrt, daß man über die Mystik des Thronwagens nur vor dem lehren soll, der ein Weiser ist und bereits aus eigener Erkenntnis versteht?" Elasar sagte: „Meister, erlaubt Ihr es mir dann, daß ich Euch etwas darlege, das Ihr selber mich gelehrt habt?" Rabban Jochanan antwortete: „Sag an!" Und sofort stieg er vom Esel ab, umhüllte sich und setze sich auf einen Stein unter einem Ölbaum. Der Schüler fragte: „Meister, warum bist du abgestiegen?" „Ist es denn möglich, daß ich auf dem Esel reite, wenn du über die Mystik des Thronwagens sprichst, wir in der Gegenwart Gottes sind und die Dienstengel uns begleiten?" Als der Schüler über die Mystik des Thronwagens zu sprechen begann, da fiel Feuer vom Himmel und umkleidete alle Bäume auf dem Felde. Da begannen Meister und Schüler ein Lied miteinander zu singen, und sie sangen: „Lobet den Herrn von der Erde her, ihr Meerdrachen und ihr Urfluten alle, ihr Fruchtbäume und ihr Zedern alle, lobet den Herrn!" Und aus dem Feuer sprach ein Engel: „Ja dies, ja dies ist der Thronwagen." Da stand der Meister auf und küßte das Haupt seines Schülers und sagte: „Gelobt sei der Herr, der unserem Vater Abraham einen Sohn schenkte, der über die Mystik des Thronwagens nachzudenken, nachzuforschen und auszulegen weiß! Der eine legt schön aus, erfüllt aber nicht schön. Der andere erfüllt schön, legt aber nicht schön aus. Du jedoch legst schön aus und erfüllst schön."

Meister Scheschet war blind. Einmal wurde der König erwartet, und alle Welt ging hin, um ihn zu sehen, und Meister Scheschet ging mit ihnen. Unterwegs sagte ein vorlauter Mann zu ihm: „Die Krüge gehen zum Fluß, wohin wollen die Scherben?" Und er meinte damit, welchen Zweck hat es, wenn ein Blinder den König sehen will. Scheschet entgegnete ihm: „Komm mit mir und sieh, daß ich mehr weiß als du." Und so begleitete ihn der Mann.

Als der erste Trupp lärmend heranzog, sagte der Mann: „Der König kommt." Doch der blinde Meister sagte: „Er kommt noch nicht." Ein zweiter Trupp zog vorüber, und es entstand wieder ein Lärm. Und der Mann sagte: „Jetzt aber kommt der König." „Nein, der König kommt noch nicht", entgegnete der Meister. Dann kam ein dritter Trupp, und es entstand eine Stille. Da sagte Meister Scheschet zu dem Mann: „Jetzt kommt der König. Gib acht." Der Mann war verwundert und fragte ihn: „Woher hast du das?" Scheschet antwortete: „Das irdische Königtum gleicht dem himmlischen Königtum. Und in bezug auf das himmlische Königtum steht geschrieben: ‚Gehe hinaus und stelle dich an den Berg vor den Herrn! Und siehe der Herr geht vorüber und ein Wind, groß und stark, Berge zerspaltend und Felsen zerschmetternd vor dem Herrn; der Herr ist nicht im Wind. Und nach dem Wind ein Beben; der Herr ist nicht im Beben. Und nach dem Beben ein Feuer; der Herr ist nicht im Feuer. Und nach dem Feuer eine Stimme sanfter Stille.'"

Meister Baalschem hatte einen Schüler namens Jakob Jossef, der immer sehr ernst und streng war. Eines Tages sagte der Meister zu ihm: „Als ich einmal mit Pferden über Land fuhr, kam mir ein Bauer entgegen und rief mir zu: ‚Ihr müßt die Zügel locker halten! So hemmt Ihr ja Eure Pferde und sie können nicht wiehern.' Ich ließ die Zügel locker, und siehe da, die Pferde wieherten froh auf und liefen mit einem Male besser als zuvor. Verstehst du diesen Rat des Bauern?" Der Schüler nickte und begann zu weinen und weinte, wie er noch nie zuvor geweint hatte.

Doch glaubte Jakob Jossef immer noch, daß man ohne Kasteiung und Askese nicht eine Erhebung durchs Gebet erlangen könne, und so begann er ein strenges Fasten. Als der Meister davon hörte, sagte er zu ihm: „Was du tust, ist nur ein Werk der Trübsal. Die Gnade Gottes aber weht nicht über der Trübsal, sondern über der Freude am Gebet. Laß dir etwas zu essen bringen." Er gehorchte und ließ von da an von seiner Strenge ab. Später sagte er: „Sorge und Trübsal sind die Wurzeln aller bösen Mächte."

Ein gelehrter Mann saß im Bethaus und war völlig in seinen Gedanken über Woher und Warum von Gott und Welt versunken und grübelte so sehr darüber, daß er auch nach dem Gebet sitzen blieb, um weiterzudenken. Als Meister Baalschem ihn dort sitzen sah, ging er zu ihm hin, schaute ihn freundlich an und sagte: „Ihr grübelt, ob es Gott gibt oder nicht gibt und findet kein Ende in Eurem Zweifeln. Ich bin ein Narr und glaube." Diese Worte berührten das Herz des gelehrten Mannes, und er begann sich dem göttlichen Geheimnis zu öffnen.

Rabbi Bär, ein großer Gelehrter jüdischer Weisheit, hatte vom Ruhm des Meisters Baalschem vernommen. Da die Begebenheiten, die von diesem Rabbi erzählt wurden, ihn neugierig machten, beschloß er, ihn aufzusuchen und selbst zu sehen, welche Weisheit in ihm war. Meister Baalschem empfing ihn freundlich, doch statt mit Rabbi Bär über die Lehre zu reden, sagte er nur: „Einmal fuhr ich tagelang durch eine verlassene Gegend und hatte nicht einmal mehr ein Stück Brot, um meinen Kutscher zu speisen. Doch dann kam ein Bauer des Weges und verkaufte mir von seinem Brot." Nach diesen Worten entließ er den Gast.

Verwundert kehrte der Gelehrte in seine Herberge zurück und wußte sich keinen Reim aus dieser Begegnung zu machen. Am folgenden Abend begab er sich noch einmal zum Baalschem in der Hoffnung, ihn dieses Mal in ein längeres Gespräch über die Lehre verwickeln zu können. Aber auch dieses Mal war der Meister nicht sehr gesprächig, sondern sagte nur: „Ich war einmal unterwegs und hatte kein Heu mehr für die Pferde. Da kam ein Bauer des Wegs und fütterte die Tiere." Nach diesen Worten wurde Rabbi Bär wieder freundlich verabschiedet. Dieser war sich jetzt sicher, daß in diesem Mann kein Funken Weisheit steckte, und entschloß sich, noch in derselben Nacht den Heimweg anzutreten. In der Herberge angekommen, ließ er seinen Diener alles zur Abreise herrichten. Die Nacht war aber pechschwarz, und so wollten sie noch warten, bis die

Wolken sich zerstreut hätten. Gegen Mitternacht endlich kam der Mond hervor. Da erschien ein Bote des Baalschem und bat den Gelehrten, zum Meister zu kommen.

Rabbi Bär ging voller Erwartung sogleich mit. Der Baalschem empfing ihn in seiner Kammer und fragte ihn, indem er auf ein vor ihm liegendes Buch zeigte: „Verfügst du über Wissen in der Kabbala?" Und als dieser dies bejahte, sagte er: „Schlag auf und lies." Rabbi Bär nahm das Buch und las einen Abschnitt vor, der von der Wesenheit der Engel handelte. Als er geendet hatte, bat der Baalschem: „Nun sinne darüber nach und deute es." Rabbi Bär deutete die Stelle.

„Du hast keine Weisheit", sagte der Baalschem, nahm selber das Buch und las dieselbe Stelle noch einmal. Als Rabbi Bär die Worte aus dem Munde des Baalschem hörte, gingen ihm die Ohren über, und es war ihm, als würde die Stube von feurigem Licht verzehrt und als hörte er die Engel rauschen. Wie der Baalschem geendet hatte, kam er wieder zu sich, und er hörte ihn sagen: „Deine Deutung war richtig, doch fehlt dir die Weisheit, dein Wissen hat keine Seele."

Rabbi Bär kehrte in die Herberge zurück, schickte seinen Diener heim und blieb in der Stadt, um beim Meister Baalschem zu lernen.

Am Abend des Versöhnungstages war der Himmel von Wolken verhangen, und Meister Baalschem konnte die „Heiligung des Mondes" nicht sprechen. Diesem Segen wurde besonders große Heilwirkung zugeschrieben, und so betrübte es den Meister, daß er ihn gerade zu dieser Zeit der drohenden Gefahren für die jüdischen Gemeinden nicht sprechen konnte. Er saß wartend und betend in seiner Kammer. Doch die Wolken schienen sich nur mehr zu verdichten, und er gab schließlich alle Hoffnung auf.

Draußen jedoch hatten die Schüler, die von alledem nichts wußten, wie alljährlich an diesem Tag zu tanzen begonnen. Als ihre Begeisterung stieg, drangen sie in die Stube des Baalschem ein, umtanzten ihn voller Freude und zogen schließlich den ein wenig verdüstert Dasitzenden in ihren Reigen. Wie der Meister mittanzt, wird er auch von Freude erfaßt, und von draußen erschallt ein Ruf: „Schaut her, schaut her, der Mond ist da!" Die Wolken hatten sich verzogen, und am Himmel schien mild und klar der Mond.

Meister Baalschem betete mit seinen Anhängern im Bethaus, und als alle schon lange die vorgeschriebenen Gebete beendet hatten, stand er immer noch wie versunken da und verharrte im Gebet. Sie warteten eine Weile, und als ihnen schien, daß der Meister vorerst kein Ende finden würde, verließen sie behutsam das Bethaus und gingen ihren alltäglichen Geschäften nach. Und wie sie Stunden später zurückkehrten, war der Baalschem immer noch im Gebet vertieft. Später sagte er ihnen: „Euren Weggang habe ich als schmerzliche Trennung empfunden." Sie verstanden ihn nicht. „Ich will es euch mit einem Gleichnis erklären: Einst kam in ein Land ein herrlicher, bunter Vogel, der von einer Schönheit war, die kein Auge je gesehen hatte. Er ließ sich im Wipfel des höchsten Baumes nieder und nistete dort. Als der König davon hörte, befahl er, den Vogel herunter zu holen. Da der Stamm des Baumes sehr hoch und glatt war und keine Leiter lang genug, hieß er seine Männer eine lebende Leiter zu bilden, indem einer auf den anderen stieg, bis der letzte den Vogel einfangen konnte. Es dauerte sehr lange, diese lebende Leiter zu bilden. Die zuunterst Stehenden verloren schließlich ihre Geduld und Kraft und schüttelten sich, so daß alles zusammenstürzte."

Der Meister Baalschem wurde krank und fühlte, daß sein Ende nahe war. Er gab seinen Vertrauten genaue Anweisungen für sein Begräbnis und bat sie, an seinem Krankenlager die heiligen Gesänge zu singen. Die Schüler konnten es nicht ertragen, ihren Meister von sich gehen zu sehen, und sie weinten vor Traurigkeit. „Warum weint ihr?" fragte der Meister sie. „Ich gehe zur einen Tür hinaus und komme zur anderen wieder herein."

Rabbi Bär wurde von seinen Schülern sehr verehrt, und sie erzählten von ihm: „Wenn wir mit einem Anliegen zu ihm fahren, so ist unser Geist schon gestillt, sobald wir innerhalb der Stadtgrenzen sind. Und wer da noch einen Wunsch hat, der hat Frieden, wenn er das Haus des Meisters betritt. Bleibt dann noch einer ungestillt, so erlangt er Ruhe, wenn er das Angesicht des Meisters sieht." Und ein Schüler sagte: „Ich gehe nicht zum Meister, um von ihm die Lehre zu hören, sondern um zu sehen, wie er die Filzschuhe schnürt."

Eines Tages fuhren einige Schüler in die Stadt, um ihren Meister zu sehen. Und als sie vor seinem Haus angekommen waren, baten sie den Fuhrmann zu warten und sagten: „Wir wollen den Meister nicht lange aufhalten, sondern nur eine kurze Weile sein Angesicht sehen." Der Rabbi empfing sie und erzählte ihnen eine Geschichte, die recht kurz war, ihnen aber reichlich zu denken gab.

Als sie wieder draußen waren, sagten sie zu dem Fuhrmann: „Fahr du langsam voraus." Und sie gingen hinterdrein und unterhielten sich über die Bedeutung dessen, was der Rabbi ihnen erzählt hatte. Sie waren so sehr in ihre Diskussion vertieft, daß sie den Nachmittag und die ganze Nacht hindurch gingen und ganz und gar ihre Gebetspflichten vergaßen. Als schließlich der Morgen anbrach, hielt der Fuhrmann an und rief ihnen zu: „Wollt ihr auch noch das Frühgebet versäumen!" Sie hörten ihn gar nicht. Erst als er sie das vierte Mal laut rief, erwachten sie aus ihrer Versunkenheit.

Ein sehr reicher Mann kam zu Rabbi Bär von Mesritsch und gab sich Mühe, ihn mit der Strenge seiner Frömmigkeit zu beeindrucken. Der Meister fragte ihn forschenden Blickes: „Was eßt Ihr denn so alle Tage?" „Ich esse fast nichts, nur trockenes Brot und Salz, und trinke nur klares Wasser", brüstete sich der Reiche. Der Meister schüttelte den Kopf: „Dies ist nicht gut, ganz und gar nicht gut. Ihr müßt Weißbrot und Kuchen essen und süßen Wein trinken." Diese Antwort war dem reichen Büßer gar nicht recht, und er fragte erstaunt: „Aber warum soll ich mich dieser frommen Übungen enthalten?" Der Meister entgegnete: „Es hilft Euch nicht, und zudem könntet Ihr, wo Ihr als reicher Mann von Brot und Wasser lebt, allzu leicht denken, daß die Armen gut und gern von Kieselsteinen sich ernähren können. Wenn Ihr jedoch Kuchen eßt, so werdet Ihr ihnen zumindest Brot geben."

Zwei Schüler kamen zu Rabbi Bär und stellten ihm die Frage: „Im Talmud heißt es, daß der Mensch Gott für die guten wie die schlechten Dinge danken soll. Ist das nicht eine unmenschliche Pflicht? Wer hätte denn die Kraft, den Herrn für erduldetes Leid zu preisen?" Der Meister schickte sie zu seinem Schüler Sussja, von dem alle wußten, daß er krank und mit Leid und Unglück beladen war. Und sie fragten ihn: „Sussja, wie stellst du es an, in deinem Leiden dem Herrn zu danken?" „In meinen Leiden?" fragte Sussja erstaunt. „Ich habe keine Leiden, ich bin glücklich. Sussja ist glücklich, in einer Welt zu leben, die von Gott geschaffen und zur Fröhlichkeit bestimmt ist. Sussja fehlt nichts, er braucht nichts, er hat alles, und sein Herz geht über vor Dankbarkeit."

Die Brüder Elimelech und Sussja unterhielten sich. Im Verlaufe des Gespräches fragte Sussja seinen Bruder, der gelehrter war als er: „Womit und wo soll der Mensch beginnen, Gott zu dienen?" „Das ist einfach", antwortete Elimelech. „Er soll damit beginnen, seine eigene Geringfügigkeit und Bedeutungslosigkeit zu sehen, und so

wird er von selbst die Größe Gottes bewundern."
„Was!" rief Sussja. „Der Mensch soll bei sich selbst beginnen? Ist das nicht Anmaßung? Nein, er muß damit beginnen, seinen Blick zur Größe des Herrn emporzurichten, und wird dann notgedrungen seine eigene Niedrigkeit erkennen." So begannen sie miteinander zu streiten und konnten keine Einigung finden. Schließlich begaben sie sich zu ihrem Meister und baten ihn, ihren Streit zu schlichten. Der Meister antwortete: „Ihr habt beide recht. Beide Haltungen sind richtig. Aber es ist besser, daß der Mensch bei sich selbst beginnt, dort wo ihm Grenzen gesetzt sind, das ist sicherer. Wer am Boden liegt, kann nicht fallen."

Rabbi Sussja war immer einfach und ärmlich gekleidet. Eines Tages übernachtete er in einer Herberge. Ein von der äußerlichen Erscheinung her wohlhabend aussehender Mann hielt ihn für einen Habenichts und behandelte ihn mit entsprechender Herablassung. Als er später erfuhr, wen er so hochmütig behandelt hatte, eilte er zum Meister und sagte: „Vergebt mir Meister, sonst finde ich nie mehr Ruhe und Schlaf." Meister Sussja lächelte ihn an und schüttelte den Kopf: „Warum bittet Ihr Sussja um Verzeihung? Nicht Sussja habt Ihr beleidigt, sondern einen armen Bettler. Geht also überall zu den Bettlern und bittet sie um Vergebung."

In der Stadt des Rabbi Bär lebte ein wohlhabender Kaufmann, der großes Interesse an der Lehre hatte, aber vom chassidischen Weg nichts wissen wollte. Er hatte seiner

Frau die Sorge um den Laden übertragen und saß selber nahezu den ganzen Tag im Lehrhaus über den Büchern. Eines Tages traf er dort zwei junge Männer, die er noch nie gesehen hatte. Er kam mit ihnen ins Gespräch und erfuhr, daß sie aus der Ferne gekommen waren, um den großen Rabbi Bär zu sehen, von dem sie so viel Gutes vernommen hatten. Da erwog der Kaufmann, daß er doch auch einmal diesem Rabbi einen Besuch abstatten könnte. Von seiner kostbaren Lernzeit wollte er allerdings nichts opfern, er strich statt dessen lieber die zwei Stunden, die er gewöhnlich pro Tag in seinem Geschäft zubrachte. Er war von Rabbi Bär so sehr beeindruckt, daß er immer öfter zu ihm ging und schließlich sein Schüler wurde.

Wie der Zufall es wollte, gingen von da ab seine Geschäfte nicht mehr so gut, und er wurde täglich ärmer. Eines Tages klagte er dem Meister, daß er, seitdem er sein Schüler geworden war, im Handel ein Mißgeschick nach dem anderen erlebe. Dieser erwiderte lächelnd: „Unsere Weisen sagen: Wer weise werden will, ziehe nach Süden, wer reich werden will, ziehe nach Norden. Was glaubst du, muß dann der tun, der beides will?" Der Kaufmann wußte keine Antwort, und der Rabbi fuhr fort: „Wer sich für nichts erachtet und sein Ich zunichte macht, der wird geistig. So einer nimmt keinen Raum mehr ein und kann in Nord und Süd zugleich sein." Da schämte sich der Kaufmann, daß er seine geschäftlichen Mißerfolge dem Rabbi angelastet hatte.

Ein Mann hatte viele Jahre lang beim großen Meister Rabbi Bär gelernt und dachte, daß er nun genug emp-

fangen habe und es an der Zeit sei, nach Hause zurückzukehren. Er verabschiedete sich vom Meister und begann frohgemut die Heimkehr. Unterwegs kam ihm der
Gedanke, seinen alten Freund Ahron zu besuchen, der
lange Zeit im Lehrhaus sein bester Gefährte gewesen
war und nun die Funktion eines Rabbi innehatte.

Es war bereits Mitternacht, als er die Stadt seines
Freundes erreichte. Dennoch suchte er voller freudiger
Ungeduld zuerst dessen Haus auf und war froh zu sehen, daß das Fenster der Stube noch erleuchtet war. Er
klopfte an die Scheibe, und von drinnen tönte die alt-
vertraute Stimme: „Wer ist da?" Der Mann war sich sicher, daß sein Freund seine Stimme erkennen würde,
und antwortete nichts weiter als „Ich!" Darauf herrschte Stille, in der Stube rührte sich nichts. Der Mann
klopfte noch einmal und noch einmal. Nichts geschah.
Da rief er bestürzt: „Ahron, warum öffnest du nicht?"
Rabbi Ahron antwortete mit tadelnder Stimme: „Welcher Vermessene nennt sich denn da ‚Ich'? Ist dies nicht
Gott allein vorbehalten?" Als der Mann diese Worte aus
dem Munde seines geschätzten Freundes hörte, verstand er mit einem Male, daß seine Lehrzeit noch nicht
beendet war, und kehrte am nächsten Morgen zu seinem Meister zurück.

Ein Mann, dem die Armut des Rabbi Sussja zu Herzen
ging, ließ ihm heimlich täglich Geld zukommen, damit
er und seine Familie nicht darben mußten. Seither
wuchs der Wohlstand des Mannes, und je reicher er
wurde, um so mehr verschenkte er an Rabbi Sussja.
Schließlich kam ihm der Gedanke, daß zwischen seiner

milden Gabe an den Rabbi und seinem wachsenden Reichtum ein Zusammenhang bestehen müsse.

Rabbi Sussja hatte oft von seinem eigenen Meister, Rabbi Bär, erzählt und dessen Größe und Unvergleichlichkeit gerühmt. Der Mann folgerte nun: „Wenn die Gabe an den Schüler dieses großen Lehrers schon solchen Reichtum bringt, wieviel muß dann erst die Gabe an den Meister selbst einbringen." Eines Tages brach er auf, besuchte den Rabbi Bär in Mesritsch und hinterließ ihm eine beträchtliche Summe. Auf dem Heimweg war er voll gespannter Erwartung, was ihm wohl aus dieser großen Gabe erwachsen würde. Doch, oh Schreck, von da an wandte sich das Glück von ihm ab, und er hatte alsbald all seinen Gewinn verloren. Er begab sich voller Kummer zu Rabbi Sussja, erzählte ihm alles und fragte: „Wie kommt es, daß dein Meister, von dem du erzählt hast, daß er unvergleichlich groß ist, mir solches Mißgeschick gebracht hat?" Rabbi Sussja antwortete: „Anfangs hast du frei von Berechnung und ohne Hinsehen auf die Person großzügig gegeben, was du für nötig erachtet hast. Und in der gleichen Weise hat auch Gott dir, ohne hinzusehen, gegeben. Dann aber wurdest du berechnend, hast dir einen erlesenen Empfänger ausgesucht, und so hat Gott desgleichen getan."

Rabbi Schmelke maß dem Studium der Lehre solch große Wichtigkeit bei, daß er selbst bei Nacht nicht ins Bett ging, sondern im Sitzen an seinem Studiertisch schlief. Den Kopf legte er auf den Arm, und zwischen die Finger steckte er eine kurze Kerze, damit er von ihrer herunterbrennenden Flamme rechtzeitig geweckt würde.

Eines Tages besuchte ihn Rabbi Elimelech und sah, daß die geistige Kraft des eifrig Lernenden sich nicht wirklich entfalten konnte, da er Körper und Geist allzu große Gewalt antat. Er bereitete ihm ein Bett, und mit viel Geschick und behutsamer Überredung gelang es ihm schließlich, Rabbi Schmelke zu bewegen, sich für ein Weilchen darauf auszustrecken. Dann zog er die Vorhänge zu und verließ leise die Stube.

Der Gelehrte fiel aufgrund seiner großen Übermüdung bald in einen tiefen und erholsamen Schlaf und wachte erst am nächsten Morgen wieder auf. Er war verwundert, wie lange er geschlafen hatte. Doch reute es ihn nicht, da er sich körperlich erfrischt fühlte und sein Geist von großer Klarheit und Tatkraft erfüllt war. Als er im Bethaus vor der Gemeinde die morgendlichen Gebete sprach, wunderten sich alle darüber, mit welch heiliger Macht ihr Rabbi an diesem Morgen betete. Nach dem Gottesdienst sagte er dankend zu Rabbi Elimelech: „Erst jetzt habe ich erfahren, daß man Gott auch mit dem Schlaf dienen kann."

Rabbi Salman war von seinen religiösen Gegnern bei der Regierung verleumdet und von der Polizei in Untersuchungshaft gesteckt worden. Eines Morgens betrat ein Polizeioberst die Zelle und wollte den alten Mann verhören. Der Meister saß still und in sich versunken und nahm anfangs den Besucher gar nicht wahr.

Angerührt von der Ruhe und inneren Kraft, die von diesem Mann ausging, begann er mit ihm ein Gespräch über die letzten Dinge des Lebens zu führen und fragte ihn: „Wieso sagt Gott, der doch allwissend ist, in der Bibel zu Adam: Wo bist du?" Rabbi Salman erwiderte: „Gott ruft fortwährend jeden Menschen und fragt ihn: Wo bist du? Wo stehst du? Es sind schon so viele Tage deiner dir zugemessenen Zeit verstrichen, hast du sie sinnvoll genützt, wie weit bist du deinem wahren Anliegen näher gekommen? Und so fragt er auch Euch: Wo bist du? Sechsundvierzig Jahre hast du schon gelebt, wo stehst du jetzt in deiner Welt?"

Wie der Oberst den Rabbi sein genaues Alter nennen hörte, sagte er „Bravo" und klopfte dem alten Mann anerkennend auf die Schulter. Innerlich jedoch hatte ihn eine große Unsicherheit erfaßt, und das Herz schlug ihm bis zum Halse. Ihm war plötzlich bewußt geworden, daß er auf diese Fragen Gottes keine überzeugende Antwort geben konnte.

Rabbi Isaak war von liebenswürdigem und großherzigem Wesen. Noch nie hatte ihn jemand wütend gesehen. Seine Schüler dachten, daß es vielleicht daran läge, daß er noch nie gehörig gereizt wurde. So schmiedeten sie einen Plan und gewannen einen einfältigen Mann für ihren Streich.

Als der Meister im Bethaus mit Gebetsmantel und Gebetsriemen bekleidet im Kreise seiner Schüler betete, stupste dieser Mann ihn von der Seite an und bat um eine Prise Schnupftabak. Dieser unterbrach sein Gebet, gab dem Bittsteller eine Prise und betete unverdrossen weiter. Eine kurze Weile später war der Mann jedoch schon wieder da und wollte noch eine Prise. Der Rabbi bediente ihn geduldig und setzte ohne den leisesten Anflug von Ärger sein Gebet fort. Dieses wiederholte der einfältige Mann noch viele Male, bis der Meister sein Gebet beendet hatte. So sehr die Schüler auch hingeschaut hatten, sie hatten nicht einmal eine Spur von Ungehaltenheit wahrnehmen können.

Wie aber der Rabbi, nachdem er den Gebetsmantel und die Gebetsriemen abgelegt hatte, den Mann zu sich rief, dachten die Schüler, daß nun das Donnerwetter über diesen hereinbrechen würde. Doch der Meister holte ruhig die Tabaksdose hervor und sagte schmunzelnd: „Wie ich gesehen habe, liebst du das Schnupfen mehr als ich. So nimm du die Dose, und wenn ich Lust habe, etwas Tabak zu schnupfen, werde ich einfach zu dir kommen und dich um eine kleine Prise bitten."

Unter den Söhnen des Rabbi Isaak war einer, der das Studium der Lehre vernachlässigte. Dies erfüllte den Vater mit großer Sorge, und er entschloß sich, seinem Sohn einmal ins Gewissen zu reden. Als sich eine Gelegenheit bot, sagte er zu ihm: „Mein Sohn, du vernachlässigst zu sehr das Studium der Lehre, dies bringt dir nichts Gutes ein." Der Sohn, der selber schon Familienvater war, entschuldigte sich: „Ich habe so viele häusliche Sorgen, daß mir überhaupt keine Zeit für die Lehre bleibt." Und er führte dieses und jenes an, wodurch ihm das Leben erschwert wurde.

Der Rabbi erwiderte darauf: „Damals, als ich als Schreiber bei der Gutsherrin arbeitete, sah ich, wie ein Knecht wegen nachlässiger Arbeit vom Aufseher geschlagen wurde und währenddessen, statt einfach stillzuhalten, mit verdoppeltem Eifer das Getreide schnitt. Mich verwunderte dies, und so fragte ich ihn später nach dem Grund seines Verhaltens. „Dummkopf", entgegnete er, „denkst du, ich halte einfach still, wo ich doch geschlagen wurde, weil ich nicht genug zugepackt habe. Da ist es doch wohl das beste, man langt gleich kräftig zu, damit es nicht noch mehr setzt." Mein Sohn, dir ergeht es genau wie diesem Knecht, du wirst von deinen Sorgen geschlagen, weil du die Lehre vernachlässigst."